Le bonheur selon Tchouang-tseu

DU MÊME AUTEUR

Le Bonheur selon Confucius, Belfond, 2009 ; Pocket, 2012

Yu Dan

Le bonheur selon Tchouang-tseu

Préface d'Alexis Lavis

Traduit du chinois par Marie-Paule Chamayou

belfond

Titre original :
ZHUANG ZI
publié par Zhonghua Book Company
et China Democracy and Legal System
Publishing House

Retrouvez-nous sur
www.belfond.fr
ou www.facebook.com/belfond

Éditions Belfond
12, avenue d'Italie, 75013 Paris.
Pour le Canada,
Interforum Canada, Inc.,
1055, bd René-Lévesque-Est,
Bureau 1100,
Montréal, Québec, H2L 4S5.

ISBN : 978-2-7144-5374-7

Belfond | un département **place des éditeurs**

place
des
éditeurs

Avant-propos
Jusqu'où notre cœur peut-il voyager ?

À peine avais-je terminé d'enregistrer mon ultime émission sur les *Entretiens* de Confucius à la télévision centrale de Chine que mon producteur, le professeur Wang Wei, me demandait à brûle-pourpoint quel serait mon prochain thème. Ma réponse jaillit sans hésitation : Tchouang-tseu.

Cette année-là, 2006, une chanson faisait un tabac sur les ondes : *Ailes invisibles*. Le titre m'avait immédiatement fait penser à Tchouang-tseu, ancré en mon cœur depuis tant d'années déjà. Il virevoltait tel un papillon autour de moi, invisible aux yeux de tous, et chaque fois que je sentais que je m'engluais, un rai de lumière traversait le ciel pour me donner la force de me dégager de toute la pesanteur qui m'encombrait.

Une phrase du *Tchouang-tseu* m'a marquée dès

l'enfance : « Quand on se conforme aux choses extérieures, le cœur peut voyager. » Mais j'avais beau la répéter, une inconnue demeurait à mes yeux : jusqu'où notre cœur pouvait-il bien voyager ?

Tchouang-tseu le dit lui-même : son ouvrage est empli « de discours insolites, de paroles extravagantes, d'expressions sans queue ni tête ». Et de poursuivre : « Le monde est trop bourbeux pour être exprimé dans des propos sérieux. » Voilà pourquoi *Tchouang-tseu : remarques et commentaires actualisés* de Chen Guying est devenu, de longues années durant, mon livre de chevet sans que pour autant je prétende jamais avoir tout compris. Imprégné du grand Tao du Ciel et de la Terre, agissant dans le respect des lois de la nature, Tchouang-tseu maniait la désinvolture avec une rare dextérité tout en demeurant toujours calme et serein. Il laissait transparaître ce qu'il faut de malice, mais prenait les choses avec philosophie. J'étais prête à consacrer ma vie à réchauffer cette ancienne sagesse, et à entreprendre le périple qui m'amènerait à « vagabonder en toute indépendance entre le Ciel et la Terre ».

Lorsque j'étais en troisième année à l'université, le département de lettres classiques avait décidé d'organiser une excursion au mont Tai, rien de moins. Le mont Tai est l'une des cinq montagnes sacrées de Chine et, pour un lettré chinois, se rendre en ce lieu extraordinaire où les empereurs Qin Shihuang et Han Wudi ont présidé des cérémonies en l'honneur du Ciel et de la Terre revenait à effectuer un rite de passage à l'âge adulte. Ce pèlerinage était l'occasion de tout à la fois grimper jusqu'au sommet, expérimenter le monde à ses pieds, voir le vaste océan et renouer avec soi-même. Remplis d'un enthousiasme tout juvénile, mes camarades et moi nous étions lancés à l'assaut du mont à trois heures du matin, soucieux d'arriver au sommet pour le lever du soleil. Les inscriptions sur les stèles, à mi-parcours, qui bordaient les deux côtés de la montée étaient comme les pages d'un grand livre que nous tournions au fur et à mesure de notre progression vers les hauteurs. Les sages du temps passé, dignes et imposants, se relayaient pour encourager les ardeurs de ces jeunes adultes en devenir qui étaient en train de s'ouvrir à de toutes nouvelles sensations. Persuadés qu'une montagne se devait d'être gravie sans aide, nous n'avions pris aucun bâton avec nous et, tandis que nous progressions, nos jeunes corps se mesuraient seuls à ce chemin qui de tout temps avait été source d'inspiration, saisissant enfin véritablement le sens de cette phrase des *Entretiens* de Confucius : « Les aspirations d'un lettré ne peuvent pas ne pas être élevées et résolues tant est grande sa responsabilité et longue sa route. » La faible lueur de l'aube perça enfin l'obscurité de la nuit, légère tonalité bleutée qui progressivement se transforma en un magnifique dégradé de rouges et de mauves pour embraser les nuages et le ciel dans son entier. Presque arrivés au sommet, nous avons pu ressentir les nobles sentiments exprimés par Lin Zexu : « Au bout de l'océan, le Ciel est le rivage ; grimpant la montagne, j'en deviendrai le sommet. » Ce pèlerinage vers le soleil et vers la vie me fit soudain prendre conscience d'une chose : je venais de faire l'expérience de ce chemin bien concret dont parle le confucianisme, de ce voyage de mille lis qui n'est rien d'autre qu'une succession de petits pas menant peu à peu à une totale maîtrise de soi.

Mes camarades et moi avons ensuite pris le chemin du retour. Le lendemain était jour de repos, mais en mon cœur était née une aspiration nouvelle, difficile à définir : il me fallait absolument explorer le légendaire chemin qui passait à l'arrière de la montagne. Je m'éclipsai donc discrètement et entamai seule dès l'aube cette nouvelle ascension. Nous étions dans les années quatre-vingt et ce chemin n'était absolument pas entretenu. Les obstacles étaient nombreux, et il fallait s'aider tant des jambes que des bras pour pouvoir avancer. Je ne croisai quasiment personne, si ce n'est des porteurs et quelques très rares voyageurs. Mais quel merveilleux paysage de montagne : tapis de verdure, exubérance de la végétation, fleurs multicolores à perte de vue ! En été, les alentours du mont Tai vibraient de vie, faisant naître en moi de nombreuses émotions. Me revint alors en mémoire cette phrase du *Tchouang-tseu* : « Le Ciel et la Terre sont d'une beauté majestueuse, mais ils n'en parlent pas. Les quatre saisons se succèdent selon une loi évidente, mais elles n'en discutent pas. Les dix mille êtres ont leur propre règle de fonctionnement, mais ils ne la formulent pas. » J'eus ainsi une nouvelle révélation : les stèles que m'offrait l'arrière de cette montagne seraient l'autre pilier qui me soutiendrait dans la vie. Car dans les reflets du soleil se trouvait le sourire de Tchouang-tseu.

J'ai donc gravi la montagne deux fois, en empruntant deux routes différentes. La première, la route de devant, était celle de la tradition confucéenne, celle qui me faisait prendre conscience de ma mission, qui m'enseignait comment me réaliser en tenant compte de ma personnalité sociale, comment concrètement me positionner. La seconde, la route de derrière, était celle de la tradition taoïste, celle qui me donnait des ailes invisibles, qui m'enseignait comment me transcender en tenant compte de ma personnalité intrinsèque, comment laisser mon esprit voyager. *Le Registre des trois et cinq*, qui fait la plus ancienne mention de la légende de Pangu, premier être sorti du chaos originel, explique que la personnalité idéale de l'homme est celle qui est « divine dans le Ciel, sage sur la Terre », et que le Ciel, la Terre et l'homme sont trois forces qui coexistent harmonieusement. Ainsi, le confucianisme nous offre la solidité de la Terre pour nous adosser contre elle, et le taoïsme nous offre l'espace du Ciel pour nous déplacer en toute liberté. Notre esprit ne connaît donc aucune limitation. Le confucianisme nous apprend à assumer nos responsabilités et le taoïsme nous apprend à soulever des montagnes.

C'était l'année de mes dix-neuf ans, et celle où Tchouang-tseu offrit à mon cœur ses ailes invisibles.

Vingt ans ont passé à la vitesse de l'éclair, au cours desquels je me suis « transformée extérieurement sans me transformer intérieurement », pour reprendre une phrase de Tchouang-tseu. Et de fait, au fil des années, si je suis devenue plus tolérante et plus reconnaissante à l'égard du monde extérieur, si j'en ai progressivement accepté les règles, intérieurement en revanche j'ai continué à affiner ma détermination en me défaisant peu à peu de tous les sentiments de regret, pour finir par ne plus jamais douter de ma capacité à réaliser mes idéaux.

Aussi, lorsque CCTV a fait appel à moi, je n'ai pas hésité : j'étais prête à déployer les ailes de mon cœur dans un ciel dégagé et accueillant où tous pourraient venir me rejoindre.

La série d'émissions consacrées au *Tchouang-tseu* n'avait pas pour objectif d'engager un débat autour de l'œuvre, ni même d'en faire une lecture philosophique. Il s'agissait simplement de partager un ressenti personnel absolument sincère, de fournir quelques clés susceptibles d'aider chacun à se centrer davantage sur sa propre personnalité. L'objectif était simplement de laisser la pensée de Tchouang-tseu encourager chacun à réaliser un rêve merveilleux et généreux, à débarrasser sa vie de cette notion toute relative d'utilité pour pouvoir, à l'instar de Peng, l'oiseau fabuleux, voyager en toute liberté entre le Ciel et la Terre.

La série d'émissions sur Tchouang-tseu fut diffusée pour les congés du nouvel an chinois. Il s'agit d'un moment de l'année très important pour les Chinois, lesquels se mettent peu à peu au diapason des fêtes et ralentissent le rythme. C'est alors souvent l'occasion de faire le point, par choix ou parce que l'époque s'y prête. Et pourquoi pas profiter de cette période d'introspection pour réactiver les classiques ? Utilisons la force des classiques pour retrouver notre vraie nature, celle qui nous permettra de renouer avec notre innocence, de prendre un nouvel envol.

J'écris ces mots dans l'avion qui me ramène de Hong Kong à Pékin, et sous ses ailes se déploie au décollage une magnifique cité d'ombre et de lumière. Je pense alors à cette phrase conservée en mon cœur depuis l'enfance : « Quand on se conforme aux choses extérieures, le cœur peut voyager. » Voilà plus de vingt ans que cette phrase me trotte dans la tête, que je la rumine, et pourtant il me semble que je n'arrive toujours pas à la faire tout à fait mienne.

Le grand archer Lie Yukou n'était pas complètement indépendant, lui qui, tout en sachant « avancer en chevauchant le vent », avait révélé sa peur du vide. Alors, nous, de combien d'intelligence et de courage devrons-nous user avant de pouvoir enfin atteindre cet horizon de fierté où nous pourrons déclarer : « De quoi devrais-je encore dépendre ? »

Survolant les siècles qui nous séparent pour arriver jusqu'à nous, Tchouang-tseu nous pose à tous une question : dans cette vie qui nous a été donnée, jusqu'où notre cœur sera-t-il capable de voyager ?

12 février 2007
À bord du vol Hong Kong-Pékin

Préface
Tchouang-tseu – maître du dao & initiateur de liberté

« Cesse de vouloir à tous vents ! Laisse l'infini te remuer ! »

(*Tchouang-tseu* chap. VI)

Mais que peut bien être le taoïsme ? Tenter de répondre à cette question est chose quasiment impossible. Sous l'apparente unité d'un terme désormais bien connu, « taoïsme », se cachent une myriade d'auteurs, de textes, d'œuvres, de pratiques, tous plus différents les uns que les autres. On peut considérer comme « d'influence taoïste » une pensée, une médecine, un ésotérisme, une alchimie, des pratiques d'exorcisme, des cultes dits « religieux », des gymnastiques (Qigong, Taiji-chuan), des écoles monastiques et contemplatives, des techniques sexuelles... Bien plus qu'un courant, le taoïsme est une nébuleuse qui travaille la civilisation chinoise sous tous ses angles. Mais au cœur de cette nébuleuse hétéroclite se tiennent quelques noms : Lao-tseu évidemment mais aussi et peut-être surtout Tchouang-tseu qui, s'il n'est pas le père de ce courant de pensée, de ce chemin de vie, en est sans doute le plus grand, le plus brillant, le plus profond et le plus piquant interprète. Ge Hong, un des maîtres de l'alchimie taoïste, disait du *Tchouang-tseu*, le livre qui porte son nom, qu'il était le plus haut témoignage de l'intuition taoïste : « Il vole si haut ! Il est si libre ! C'est pour cela que son regard sur le *dao* a tant d'ampleur ! » s'exclamait-il. Une anecdote est relatée à ce propos par le grand chroniqueur Sima Qian :

Le grand roi Wei du royaume méridional de Chu, ayant entendu parler de la sagesse de Tchouang-tseu, le fit mander pour lui offrir la charge de Premier ministre. Et voici ce que le maître répondit (à un roi !) : « N'avez-vous pas vu le buffle (ou la tortue, selon les versions) qu'on mène au sacrifice ? C'est toujours bien nourri et paré de brocarts qu'on le fait entrer au temple avant de l'égorger ! Et, à cet instant, il aurait voulu être un simple petit cochon, mais il est trop tard. Partez donc et ne me salissez plus. Je préfère patauger dans un fossé sale et ne veux en aucun cas être entravé par ceux qui croient avoir le pouvoir. Aucun titre, aucune charge glorieuse et officielle ne saura jamais satisfaire ce qui m'appelle ! »

Cette histoire, qui en dit long sur le ton à partir duquel Tchouang-tseu sut mener sa vie, est reprise dans cette œuvre étrange et géniale qui porte son nom. Mais alors, qui est-il ? À coup sûr l'une des voix les plus pures et mélodieuses du taoïsme ancien que l'on associe à juste titre à cette autre figure initiatrice qu'est Lao-tseu. Mais que dire de plus ? Rien de biographique et donc rien d'anecdotique. Tout ce que nous avons recueilli comme informations le concernant est regroupé dans une petite notice rédigée environ deux cents ans après sa mort présumée. Est-il d'ailleurs seulement l'auteur de ce livre éponyme ? Rien n'est moins sûr. Comme l'écrit Yu Dan dans son premier chapitre, le *Tchouang-tseu* est une œuvre composite et surtout recomposée à maintes reprises. Des trois grands livres qui le constituent, seul le premier en sept chapitres semble présenter une unité de style qui laisserait penser à un auteur unique. D'ailleurs, et avec récurrence, Tchouang-tseu apparaît dans l'ouvrage comme un personnage et non comme une personne.

Cette vacance de l'auteur est-elle pour autant un problème ? Bien au contraire, elle est plus fidèle à l'esprit du taoïsme qui toujours prescrit d'avancer sur la Voie sans souci d'y laisser trop de traces. Et ne faut-il pas parfois préférer le conte à l'essai raisonné lorsqu'il s'agit de dire le plus profond ? Socrate lui-même le savait, semble-t-il, puisque dans le *Phèdre,* au moment où il lui fallut parler de l'âme, il délaissa la parole philosophique au profit de la langue mythique. Il n'a jamais été besoin d'une fiche signalétique de l'auteur pour reconnaître en une parole un accent de vérité ou un souffle de liberté. Qui est Tchouang-tseu ? Il ne le sait d'ailleurs pas toujours lui-même, si l'on en croit ce fameux passage du chapitre II, où s'étant vu durant son sommeil en papillon, il se demande si c'est bien lui qui s'est rêvé papillon ou si c'est le papillon qui continue à se rêver Tchouang-tseu.

Ainsi, l'absence d'identité instituée, bien fixe et garantie, constitue le premier enseignement du *Tchouang-tseu* qui reprend en quelque sorte la première phrase du *Dao De Jing* de Lao-tseu : « le *dao* formulé n'est pas le *dao réel.* » Ce que les Chinois nomment le *dao* et que l'on traduit le plus souvent par « Voie », mais qu'il faudrait rendre par « courant » au sens océanique du terme, est le mouvement même du réel, sa lame de fond. Il ne se laisse en aucun cas réduire à des formules mais demande de nous une mise à l'écoute qui nous dénude, nous vide de nos projets et idées préconçues, et nous invite à entrer dans ce que Tchouang-tseu nomme « une démesure printanière ». Ainsi les premiers pas sur le *dao* doivent-ils faire l'effet d'un juste déroutement qui vise à ne plus réduire l'inconnu au déjà trop connu et préserver en nous l'esprit d'aventure. D'ailleurs, dans un texte canonique du taoïsme, le *Liezi* ou *Le Traité du vide parfait*, lorsqu'il est demandé à un maître « quelle est la longueur de la voie ? », ce dernier répond : « celle d'un pas ». Ainsi le *dao* ne saurait être un plan d'action bien calculé et balisé mais sa présence dans nos vies se fait souvent par effraction, par surprise. Or c'est bien ce sens d'étrangeté à la fois fraîche et résolument profonde qui accompagne la lecture du *Tchouang-tseu*. Ce texte se compose d'un grand nombre de contes, de situations, d'histoires et de réflexions qui s'égrènent sans suivre apparemment de plan logique. Il propose plutôt un voyage dans un pays de liberté radicale où chaque étape révèle un aperçu à l'intuition. Dans son livre sur Tchouang-tseu, Yu Dan donne pleinement droit à cette parole qui ne théorise pas mais raconte cette contrée de la liberté qui est le véritable domaine du taoïsme.

Prenons pour exemple la première histoire qui ouvre le *Tchouang-tseu*. Il est question d'un poisson immense qui quitte les abysses du Nord pour gagner le ciel sous la forme d'un oiseau gigantesque, dont l'envergure des ailes est à la mesure du Ciel. Il vole si haut que le sol devient indistinct et ce qu'il s'y passe indifférent. Une cigale, un étourneau, puis une caille se moquent du formidable oiseau : « À quoi bon voler si haut sur une telle distance ? Nous nous contentons de gagner le buisson voisin et veillons seulement à remplir notre panse ! » Mais, la hauteur du vol est à la mesure de l'ampleur de l'être.

Que signifie cette ouverture des plus surprenantes à laquelle aucune explication directe n'est donnée ? Elle dit que ce qui sépare le grand du petit n'est pas une différence de degré. Le grand, c'est l'incommensurable ; le petit, c'est le limité – entre eux, rien de commun. Sous prétexte que tous deux ont des ailes, la caille se croit autorisée à juger du vol d'un phénix. Mais, comment une caille saurait-elle quoi que ce soit des raisons qui poussent le poisson des poissons à quitter les abysses du Nord, et à se muer en oiseau des oiseaux pour gagner les rives du Sud ? Ce qui est grand ou petit, ce n'est pas la taille de leurs ailes, mais les raisons qui les poussent à voler. Les quelques bonds qu'effectuent l'insecte ou l'étourneau sont commandés par leur appétit du moment ; la course de l'oiseau céleste accomplit la transmutation cosmique du *yin* en *yang*. Les actions du petit sont indifférentes aux yeux du grand, et celles du grand sont incompréhensibles pour le petit.

Autrement dit, l'action vraiment libre, celle qui ne naît pas des calculs et des appétits immédiats, est toujours portée par une véritable ampleur de vue et d'intention. Il n'y a pas de liberté sans grandeur car n'est libre que celui qui sait dépasser les points de vue étroits ou convenus et embrasser par le cœur l'ensemble de la situation pour y déceler des ressources que l'intelligence ordinaire ne saurait voir. C'est pour cette raison que, en un autre endroit, Tchouang-tseu dit de l'adepte du *dao* qu'il ne voit pas avec ses yeux mais avec le *souffle*. On a également traduit de façon bien imprécise ce *Qi*, ce *souffle vital*, par « énergie ». Ce dernier terme renvoie trop à la puissance et aux sciences physiques, domaines parfaitement étrangers au taoïsme. Le *souffle* est avant tout la manifestation subtile et profonde de la vie et même de la vitalité. Voir par le *souffle* consiste donc plus simplement à sentir par où un comportement, une situation est « vivante » et non pas morbide. Nous sommes tous émerveillés de voir comment la vie a su toujours trouver un *chemin*, même dans les contextes les plus pauvres et rudes. Cette leçon tirée de l'observation la plus ordinaire, les taoïstes, et Tchouang-tseu au premier chef, l'ont méditée à fond et l'ont déclinée à la mesure de l'existence humaine.

Aussi, il ne faudrait surtout pas se laisser impressionner par ces contes qui, empruntant la langue du mythe, versent souvent dans le fantastique. Le *dao* est à la fois immense, merveilleux et tout autant ordinaire, c'est-à-dire entièrement à notre portée – comme l'est toujours la vie en nous-mêmes. Pensons encore à ces fleurs de montagne qui poussent et fleurissent malgré le froid et le roc. C'est miraculeux et banal à la fois. Dans une autre histoire, mettant en scène un boucher du nom de Ding, Tchouang-tseu montre très clairement cette alliance qui peut sembler paradoxale mais qui est au cœur de toute vitalité. Ce boucher, véritable virtuose du couteau, découpe un bœuf face à l'empereur avec une facilité et une dextérité stupéfiantes. Voici l'aspect merveilleux. Lorsque le souverain lui demande comment il fait, le boucher lui répond qu'il a appris patiemment à regarder l'animal, à repérer ses articulations et les espaces, les chairs tendres… de telle sorte que le cheminement qu'emprunte son couteau ne rencontre point d'obstacle et donne ainsi l'impression de couper du vide. Ding précise qu'il lui suffit ensuite de se confier aux mouvements spontanés de sa main et de son intuition nourris par une relation véritablement intime à son métier. C'est là l'ordinaire. Le boucher s'en remet pleinement au rythme de la réalité. Ce n'est pas lui qui s'agite mais le *dao* qui agit en lui – le seul acte de Ding est de lui laisser le champ libre et c'est là le cœur de toutes les pratiques et réflexions taoïstes. Ainsi répond d'ailleurs un personnage du *Tchouang-tseu* à qui l'on demande en quoi consiste le *dao* : « À ne pas en rajouter ! »

Tel est le visage de la liberté que tente de découvrir Tchouang-tseu au fil de ses leçons ; non pas une liberté d'affranchi, mais une liberté d'ingénu, de celui qui est *né libre*, et qu'il nous faut reconquérir sans cesse tant nos plans et nos affaires nous exilent toujours de cette contrée native qu'est la véritable innocence. L'ouvrage de Yu Dan l'aborde dans un esprit d'humour et de fraîcheur pour mieux savourer l'ampleur et la profondeur des méditations contées que nous offre le *Tchouang-tseu* – témoignage vieux de presque 2 500 ans et qui n'a jamais vieilli.

Mais, en outre, la découverte de Tchouang-tseu peut être pour nous d'un intérêt tout spécial pour la raison suivante : sa pensée et la façon dont elle se déploie prend radicalement à rebrousse-poil notre temps. Yu Dan met particulièrement l'accent sur cette dimension du message de Tchouang-tseu, car la Chine est aujourd'hui plus que jamais soumise à cette époque sans temps et sans espace, avide de croissance. Ainsi, là où nous envisageons l'action comme efficacité maximale, Tchouang-tseu envisage le non-agir, c'est-à-dire la non-saisie comme pratique véritable de l'homme. Là où notre rapport à la nature n'est plus envisagée que sous l'angle de la gestion, que celle-ci soit industrielle ou plus « durable », Tchouang-tseu nous parle d'un monde vivant dont le rythme nous embrasse et à la source duquel il faut savoir boire de tout notre être en abandonnant calculs et projections. Là où notre époque nous entraîne au morcellement, en alimentant des désirs incessants et contradictoires, le *dao* invite au contentement allègre, en conduisant les êtres à devenir entier.

Alexis LAVIS

1.

Mais qui est donc Tchouang-tseu ?

Tchouang-tseu (ou Zhuangzi) est l'un des grands représentants de la tradition philosophique chinoise. Son œuvre est forte et libre, sa pensée profonde et vaste, ses idées n'ont rien perdu de leur fraîcheur. Toujours singulières, ses anecdotes n'en demeurent pas moins universelles. Son écriture passe constamment et en toute liberté de l'allégresse à l'irritation.

Tchouang-tseu était détaché des honneurs et des titres, dédaignait les richesses et les émoluments. Même son point de vue sur la mort était original. Mais quel homme était-il donc ?

Le nom de Tchouang-tseu a traversé les siècles. Tous les Chinois savent que Tchouang-tseu « se conforme aux choses extérieures pour que son cœur puisse voyager » et qu'il « communique avec l'âme de l'Univers ». Son écriture est libre : convoquant le Ciel et la Terre, passant du rire à la colère, il ne cesse de donner la parole à une grande diversité de personnages. Et pourtant en son cœur règne une paix totale.

Son livre éponyme, le *Tchouang-tseu*, regorge de « discours extravagants, paroles insolites, expressions sans queue ni tête ». Le texte dans son ensemble semble partir dans toutes les directions ; il contient pourtant une grande sagesse.

Nous ignorons à peu près tout de la vie de Tchouang-tseu. Les *Mémoires historiques* du grand historiographe chinois Sima Qian furent les premiers à attester de son existence. Il serait ainsi originaire de l'État de Song, et plus précisément du district de Meng, sur le site de l'actuelle ville de Shanqiu, dans le nord-est de la province du Henan. Tchouang-tseu aurait vécu à l'époque des Royaumes combattants

(403-222 avant J.-C.). Toute sa vie, il n'aurait donc connu que conflits et chaos. Il aurait d'abord été clerc dans une plantation d'arbres à laque, l'équivalent d'un actuel employé des Eaux et Forêts. L'époque manquait cruellement d'hommes compétents, mais jusqu'à la fin il aurait préféré vivre retiré de la vie publique, sans aucune reconnaissance sociale.

On estime que Tchouang-tseu a vécu entre 369 et 286, voire 275 avant J.-C. Les dates exactes de sa naissance et de sa mort demeurent incertaines.

Dans les siècles qui suivirent, le *Tchouang-tseu* obtint la consécration en étant reconnu comme un *Classique*. Les *Classiques* sont ces ouvrages considérés comme dépositaires de la pensée antique et qu'il faut suivre – du moins tel était le cas jusqu'aux bouleversements majeurs du XXe siècle. Et pourtant, parmi tous les *Classiques* précédant l'avènement des Qin, il est bien celui qui peut le moins se targuer d'en être un tant la pensée qu'il propose est surprenante et inattendue, ouvrant la voie à d'infinies possibilités. En effet, comme nous le verrons tout au long de ce livre, Tchouang-tseu se faisait le chantre d'une vie de liberté, affranchie de toute contrainte.

Le *Livre des Han antérieurs*, qui couvre l'histoire des Han occidentaux de 206 à 25 avant J.-C., indique que le *Tchouang-tseu* d'alors contenait plus de cinquante chapitres. Or, seuls trente-trois d'entre eux nous sont parvenus. De fait, le *Tchouang-tseu* tel que nous le connaissons aujourd'hui est une version remaniée par le taoïste Guo Xiang, qui vécut sous la dynastie des Jin (265-420 après J.-C.). Guo Xiang avait divisé le texte en trois parties : les *neipian* (sept « chapitres internes »), les *waipian* (quinze

« chapitres externes ») et les *zapian* (onze « chapitres divers »).

Ce dont on est absolument sûr aujourd'hui, c'est que les chapitres internes sont de la main de Tchouang-tseu. Quant aux chapitres externes et divers, on pense qu'ils furent l'œuvre de ses disciples, de ses élèves et de ses amis, et même que certains d'entre eux furent compilés bien après par des personnes acquises à ses idées.

L'historiographe Sima Qian l'écrira plus tard : « Le monde entier s'enthousiasme et se déchire pour les richesses. » Effectivement, depuis que l'homme est homme, il éprouve toutes les difficultés du monde à se détacher de son attirance pour la reconnaissance et l'argent.
Une chose est sûre : chacun se voit confronté au trouble et à la séduction que provoque l'argent, car, dans ce monde, tous nous faisons l'expérience à un moment ou à un autre de la gêne financière et des difficultés matérielles. Tchouang-tseu ne faisait pas exception.

Quelle vie menait le philosophe ? Les anecdotes du *Tchouang-tseu* laissent entrevoir une existence semée d'embûches.

En voici une par exemple, tirée du chapitre XXVI, « Les choses extérieures ».

Tchouang-tseu et les membres de sa famille vivaient dans le plus grand dénuement, au point qu'un jour, ayant épuisé toutes leurs réserves, ils s'étaient retrouvés face à une marmite vide. Tchouang-tseu décida donc de se rendre chez le marquis Jianhe pour lui emprunter du riz. Fonctionnaire local, le marquis Jianhe était responsable de l'aménagement hydraulique de la région : il était chargé de la surveillance des cours d'eau et bénéficiait de ce fait de meilleures conditions de vie.

Le marquis Jianhe répondit à sa requête avec beaucoup de chaleur : « C'est d'accord, je pars sur-le-champ collecter l'impôt sur les terres. Attendez que j'aie récupéré tout l'impôt, et je vous prêterai aussitôt trois cents pièces d'or. » Tout s'annonçait bien, n'est-ce pas ? Trois cents pièces, ce n'était pas rien !

Le visage empourpré par la colère, Tchouang-tseu s'efforça néanmoins de garder son calme et répondit au marquis Jianhe par une anecdote :

« J'étais hier sur le même chemin qu'aujourd'hui lorsque soudain j'entendis une voix m'appeler. Je regardai tout autour de moi avant de découvrir une petite carpe qui sautillait dans une flaque née d'une ornière creusée par la roue d'un lourd attelage. Je demandai à la carpe ce qu'elle faisait là.

» "Je suis le gouverneur des Eaux de la mer Orientale, me répondit-elle. Si tu m'apportais maintenant un simple boisseau d'eau, tu me sauverais la vie.

» – C'est d'accord, lui dis-je. Je suis en route pour les royaumes de Wei et de Yue ; une fois arrivé, je détournerai les eaux du fleuve de l'Ouest pour te sauver."

» La petite carpe me répliqua vertement :

» "Si telles sont tes intentions, tu auras plus vite

fait de revenir me chercher sur les étals de poissons séchés du marché !" »

Cette histoire témoigne de l'humour et de la maîtrise de soi dont était capable Tchouang-tseu. Loin de connaître l'opulence ni même l'aisance matérielle, il ne s'en formalisait pas et n'hésitait pas à demander de l'aide pour pouvoir remplir sa marmite.

On pourrait alors se poser une question : comment un homme en proie à de telles difficultés matérielles peut-il se targuer de mener une vie de liberté affranchie de toute contrainte ? Lorsqu'une personne n'arrive que difficilement à subvenir à ses besoins, est-elle vraiment en mesure d'avoir des exigences plus élevées ?

Voici une deuxième anecdote, tirée cette fois du chapitre XX, « L'arbre de la montagne », et qui nous éclaire un peu sur le regard que Tchouang-tseu posait sur ses difficultés matérielles :

Un jour, Tchouang-tseu se rendit auprès du roi de Wei. Rapiécés de toutes parts, ses vêtements étaient usés jusqu'à la corde, tandis que ses chaussures étaient miraculeusement retenues par des moyens de fortune ; vraiment, il faisait peine à voir.

Le roi de Wei lui demanda :

« Maître, mais comment avez-vous pu tomber dans une telle détresse ?

» – Détresse ? lui répondit Tchouang-tseu. Non, pauvreté. La détresse, c'est quand un lettré se voit dans l'impossibilité de mettre en pratique sa doctrine et son idéal. Grand roi, n'avez-vous jamais observé les grands singes ? Ils grimpent dans les immenses machilus, catalpas et camphriers d'où, très contents d'eux, ils narguent le monde. Même les archers d'élite Hou Yi et Peng Meng ne sauraient les en déloger. Pourtant, dès qu'ils redescendent parmi les broussailles, leurs déplacements se font précautionneux ; tremblant de tous leurs membres, ils n'osent plus voltiger comme bon leur semble. Ils n'ont pas perdu de leur agilité, certes non, mais l'environnement leur est devenu défavorable, les empêchant de déployer tous leurs talents.

» Je vis à une époque trouble, comment pourrais-je ne pas faire l'expérience de la pauvreté ? »

On voit bien que Tchouang-tseu est tout à fait conscient de sa situation. S'il possède un grand idéal, l'homme ne saurait craindre l'indigence du quotidien ; seul il craindra l'abattement de l'esprit.

Un homme peut ressentir de la gêne du fait de l'indigence ; mais son cœur y attachera-t-il de l'importance ? Sa façon d'appréhender la situation dans laquelle il se trouve sera déterminée par l'importance qu'il voudra bien accorder aux richesses.

Quelle importance Tchouang-tseu conférait-il aux richesses ? Après tout, nombre de personnages fortunés gravitaient autour de lui ! Au chapitre XXXII, « Lie Yukou », il raconte une autre histoire :

Dans le royaume de Song vivait un homme du nom de Cao Shang. Une fois, honneur suprême, le pays de Song l'avait envoyé en mission diplomatique dans le royaume de Qin, qui était alors le pays le plus puissant de tout l'Ouest.

Pour entreprendre ce voyage, le royaume de Song ne lui avait confié que quelques chars. Arrivé au royaume de Qin, Cao Shang remplit honorablement sa mission, recevant les faveurs du roi de Qin. Lorsqu'il fut sur le départ, le roi de Qin lui offrit solennellement cent chars.

À son retour, Cao Shang vint se pavaner devant Tchouang-tseu : « Habiter dans une bicoque délabrée au fin fond d'une ruelle étroite, passer mes journées comme un nécessiteux à fabriquer des sandales de paille, et ne rester malgré tout qu'avec la peau sur les os à force d'avoir toujours faim ? Non merci, très peu pour moi, je suis bien incapable de supporter pareille vie. De quoi suis-je capable ? De m'empresser de satisfaire aux attentes du prince du pays le plus puissant, et en retour de me voir offrir cent chars. Voilà mon talent ! »

Devant une telle suffisance, que croyez-vous que fit Tchouang-tseu ? Il répondit sur un ton détaché : « J'ai entendu dire que le roi de Qin était malade et qu'il appelle régulièrement tous les meilleurs médecins à son chevet. Celui qui réussit à soigner une plaie purulente se voit gratifié d'un char, tandis que celui qui accepte de lécher ses hémorroïdes en obtient cinq : plus la pathologie est vile, plus la récompense est conséquente. Cao Shang, tu as entrepris ce périple pour soigner les hémorroïdes du roi de Qin ? Si tel n'était pas le cas, comment se fait-il que tu sois revenu avec autant de chars ? »

Tchouang-tseu n'hésitait parfois pas à recourir à l'humour le plus grinçant pour faire passer son message : les richesses ne sont pas à même d'ébranler son cœur. Sa quête allait bien au-delà de ce que les richesses auraient pu lui offrir, et ce même s'il était très pauvre.

Quel enseignement en tirer pour nous, aujourd'hui ? Tout simplement que celui qui possède seulement dix yuans ne sera pas nécessairement moins heureux que cet autre, millionnaire. Car tout l'argent que vous pourriez posséder ne servira jamais à comprendre le langage du cœur.

Dans la société actuelle, les personnes les plus heureuses ne sont pas celles qui peinent pour quelques sous, ni celles qui ont amassé une fortune ; souvent, ce sont simplement ces hommes et ces femmes qui ont atteint une aisance matérielle suffisante. En effet, ils ne vivent pas dans l'extrême indigence, tout en n'étant pas non plus devenus prisonniers de l'argent au point de passer leur temps à s'inquiéter pour leur fortune. C'est de la grande majorité de la population que nous parlons ici, celle qui réunit toutes les conditions pour accéder au bonheur. Or, si ces conditions sont indispensables, elles ne sont néanmoins pas suffisantes. En effet, le bonheur ne pourra élire domicile que dans le cœur de chacun pris individuellement.

J'ai un ami qui a travaillé quelque temps dans les médias avant de se lancer dans l'immobilier. Quitter l'univers des médias lui avait été très pénible car c'était un choix vocationnel. Pourquoi se tourner vers l'immobilier, en ce cas ? Il m'avait expliqué qu'il devait prendre ses responsabilités à l'égard du foyer qu'un jour il fonderait, qu'il voulait assurer son bonheur. Aussi avait-il décidé que désormais il n'écouterait plus son cœur : gagner encore plus d'argent, tel serait son unique credo, d'où l'immobilier.

Il se maria, et de ce mariage naquit un charmant petit garçon. L'argent gagné avec enthousiasme coulait à flots, et la vie suivait son cours sans rencontrer d'obstacles majeurs. Mais voilà qu'un jour cet ami m'annonça qu'il voulait émigrer quelque part aux antipodes mais que, dans un premier temps, il laisserait sa femme partir avec leur fils tandis que lui resterait en Chine pour continuer à gagner de l'argent. Je lui demandai alors : « Tu aimes tant ta femme et ton fils ; pourquoi accepter de te séparer d'eux comme ça ? »

Sa réponse fut des plus surprenantes : « Nous avons accumulé un énorme patrimoine : dès que mon fils sera en âge d'aller à l'école, je serai hanté par la peur qu'il soit enlevé. Voilà pourquoi je préfère les savoir loin d'ici, lui et sa mère. » Voilà une histoire bien d'aujourd'hui. Est-il donc vrai que plus il y a de richesses, mieux c'est ?

Tchouang-tseu a toujours gardé ses distances à l'égard de ces choses-là ; les richesses n'ont jamais réussi à l'asservir. Peiner et dépenser toute son énergie pour l'argent au point d'y laisser une grande partie de sa liberté et de sa joie de vivre ? Asservir ainsi son cœur ? Non, le jeu n'en vaut vraiment pas la chandelle.

Un proverbe chinois dit : « Une fois que l'oie est passée, son cri résonne encore ; une fois que l'homme n'est plus, sa réputation demeure. » Se détacher des richesses n'est pas chose facile ; se détacher des honneurs l'est encore moins. Certains ne seront pas prêts à s'égarer pour des richesses, mais seront prêts à succomber aux trompettes de la renommée. Car même le lettré aux aspirations les plus nobles et les plus pures souhaitera ardemment passer à la postérité.

Tchouang-tseu s'intéressait-il à son statut social ? Comment appréhendait-il les hautes fonctions et les honneurs ?

Ainsi donc, il est encore plus difficile de se détacher des honneurs que des richesses. Nombreux sont ceux qui se refusent à bouger pour de l'argent ; mais les honneurs, c'est autre chose.

Combien de hauts dignitaires chinois, civils et militaires, ne se sont-ils pas voués corps et âme à leur charge, soucieux de s'assurer la consécration avec un nom posthume ô combien honorifique que l'empereur leur attribuerait et qui louerait leur loyauté à son égard, leur piété filiale, leur empathie pour le peuple, leur gouvernance irréprochable, etc. ?

Xin Qiji (1140-1207) conclut ainsi un célèbre poème sur l'ardeur au combat : « Combler ici-bas les attentes de son souverain, se fabriquer de son vivant un nom posthume. Las, les cheveux sont devenus blancs ! » Voilà résumée toute une vie.

Tchouang-tseu attachait-il de l'importance à sa réputation ? Nous savons qu'il aimait l'étude et la réflexion, qu'il était un talentueux et audacieux stratège, mais aussi qu'il parlait peu.

« Le Ciel et la Terre sont d'une beauté majestueuse, mais ils n'en parlent pas. Les quatre saisons se succèdent selon une loi évidente, mais elles n'en discutent pas. Les dix mille êtres ont leur propre règle de fonctionnement, mais ils ne la formulent pas », prétendait-il (chapitre XXII, « Intelligence voyage dans le Nord »). Il n'aimait tout simplement pas parler.

Dans le chapitre XVII, « Les eaux d'automne », on trouve l'histoire suivante :

Tchouang-tseu avait un ami qui s'appelait Huizi et qui était célèbre pour ses dons d'orateur. Huizi était ministre du royaume de Liang, et Tchouang-tseu décida un jour de lui rendre visite. Apprenant cela, quelqu'un se précipita chez Huizi pour attirer son attention : si Tchouang-tseu se rendait au royaume de Liang, c'était pour lui prendre sa place de ministre, la chose était entendue.

Une vive inquiétude s'empara de Huizi et il ordonna sur-le-champ à tous ses subalternes de sillonner le royaume pour retrouver Tchouang-tseu, ce qu'ils firent pendant trois jours et trois nuits. Il fallait absolument retrouver Tchouang-tseu avant qu'il ne rencontre le roi de Liang : si celui-ci décidait effectivement de lui donner son poste, qu'adviendrait-il de lui, Huizi ?

Ayant eu vent de cette rumeur, Tchouang-tseu se rendit aussitôt auprès de Huizi et lui dit : « Dans le Sud vit un jeune phénix du nom de Yuanchu. Si grande est sa pureté que lorsqu'il entreprend un vol de la mer du Sud vers la mer du Nord, il ne se pose que sur les sterculiers, ne se nourrit qu'avec des graines de bambou et ne boit qu'aux sources les plus douces. Un jour qu'il passait dans les airs, une chouette tout affairée avec un rat en décomposition l'aperçut dans le ciel et, le suivant du regard, poussa un cri menaçant. Huizi, vous avez mobilisé tant de moyens pour me faire rechercher ; est-ce aussi pour me menacer à propos de votre royaume de Liang ? »

C'est ainsi que Tchouang-tseu considérait les honneurs : ce poste de ministre n'était à ses yeux rien d'autre qu'un rat en décomposition.

Certains diront : ministre du minuscule royaume de Liang, la belle affaire ! Tchouang-tseu avait probablement raison de s'en désintéresser. Mais le fait est qu'il reçut des propositions bien plus alléchantes en provenance de royaumes autrement plus importants.

Toujours dans le même chapitre figure ainsi une autre anecdote, très éclairante.

Chacun sait qu'à l'époque des Royaumes combattants celui de Chu était parmi les plus puissants. Un jour que, libre de toute contrainte, Tchouang-tseu pêchait à la ligne au bord de la rivière Pu, il fut abordé par deux hauts dignitaires dépêchés auprès de lui par le roi de Chu. Ils s'adressèrent à lui avec la plus grande déférence : « Notre prince souhaiterait vous confier la charge de son territoire. » Usant d'un ton très respectueux, ils lui avaient donc demandé de quitter ses montagnes et d'accepter la charge de ministre du royaume de Chu.

Sans lâcher sa canne à pêche ni même relever la tête, Tchouang-tseu répondit : « J'ai entendu dire qu'au royaume de Chu se trouve une tortue sacrée morte depuis trois mille ans. Le roi de Chu la conserverait enveloppée dans un linge, à l'intérieur d'une boîte placée dans le haut du temple de ses ancêtres. Je vous le demande : cette tortue était-elle d'accord pour qu'après sa mort sa carapace devînt l'objet d'une telle vénération ? Ou aurait-elle préféré vivre en traînant sa queue dans la boue ?

— Bien sûr qu'elle aurait préféré vivre en traînant sa queue dans la boue », répondirent les deux hauts dignitaires.

Et Tchouang-tseu de conclure : « Nous voilà donc d'accord ; alors, faites comme bon vous semble mais laissez-moi vivre en traînant ma queue dans la boue ! »

Voilà donc comment Tchouang-tseu avait accueilli cet honneur venu de si haut.

Pourquoi le cœur de l'homme est-il libre ? Parce que l'homme a toujours la possibilité de demeurer détaché de son environnement. S'il n'accepte pas de s'en détacher, c'est sa vie tout entière qu'il entrave. Mais s'il y parvient, alors qu'est-ce qui pourrait bien l'entraver ?

Au cours de notre existence, il n'est pas rare que nous nous posions cette question : qu'est-ce qui justifie que nous nous donnions tant de peine ? La réponse est sans nul doute très noble : le bonheur de nos proches, la réussite de notre entreprise, le bien de la société, etc. Mais quel est le véritable mobile derrière tout ça ? Tous, nous nous devons d'interroger notre cœur : tout cela n'est-il pas seulement prétexte à servir notre soif d'honneurs et de richesses ? Trop souvent, ce sont les honneurs et les richesses qui guident nos pas et nous piègent dans le cercle vicieux d'une vie plongée dans une agitation stérile.

Chacun en a déjà fait l'expérience : en soi s'allume parfois un feu indéfinissable. On ne se sent pas bien, mais on ne peut pas en parler non plus, de sorte qu'un événement fortuit peut se transformer en étincelle susceptible de transformer le feu indéfinissable en brasier.

Prenons l'exemple d'une entreprise : à son sommet se trouve un patron. Quelque chose ne s'est pas bien passé, et ce patron blâme arbitrairement son subalterne : « Pourquoi as-tu mal fait ton travail ? Comment se fait-il que tu t'occupes aussi mal des tâches qui te sont confiées ? Réfléchis bien à tout ça !

Demain tu feras des heures supplémentaires pour essayer de rattraper ton erreur ! »

Le subalterne ne peut rien dire. Il ne lui reste plus qu'à s'effacer en opinant de la tête. Mais, de retour à la maison, que faire de ce feu indéfinissable ? Il commence alors à crier sur sa femme : « Je me tue à la tâche pour qu'on ait une belle vie. Et toi, que fais-tu ? La maison est un capharnaüm indescriptible, notre enfant fait n'importe quoi. Regarde la vie que tu me fais mener ! » Les reproches pleuvent.

Son épouse ne peut que se résigner et opiner de la tête car elle sait que son mari se donne du mal. Pourtant, en son for intérieur elle ressent une injustice, elle est déstabilisée. Comment se délester de ce feu indéfinissable ? En sermonnant son enfant : « Avec tout ce que je fais pour toi, voilà comment je suis remerciée ! Tu ne fais rien à l'école ! Des résultats pareils, quelle déception ! »

Devant ce déluge de reproches sortis du néant, l'enfant éprouve une colère intérieure, mais n'ose pas non plus répondre à sa mère. Alors il s'en prend au petit chien de la maison et lui envoie un coup de pied rageur.

Le chien est dressé pour obéir au maître, mais lui aussi ressent ce feu indéfinissable et, une fois dehors, il le décharge sur le premier chat qui passe en lui aboyant dessus.

Le chat sait très bien qu'il ne peut pas gagner contre le chien, il ravale donc sa colère et se lance rageusement à la recherche d'une souris, car ce n'est qu'en se défoulant sur elle qu'il pourra recouvrer sa sérénité.

Au final, combien y aura-t-il eu de chaînons entre

la colère d'un patron et le sort bien malheureux d'une souris ? Cette colère les aura réunis.

De fait, il est fort probable qu'en chacun de nous existent nombre de feux indéfinissables. Comment dans ces conditions prétendre trouver l'apaisement intérieur ?

Sont-ce véritablement les autres qui nous infligent toutes ces peines ? Ne serions-nous pas les véritables fautifs, nous qui ne voulons pas nous détacher des honneurs et des richesses ?

C'est pour les honneurs et les richesses que nous nous enthousiasmons et nous nous déchirons, que nous nous agitons en tous sens ; mais, agissant ainsi, nous ne faisons jamais rien d'autre qu'entraver notre cœur. Il nous suffirait pourtant de passer outre à ces limites pour atteindre une liberté de mouvement certaine, affranchie de toute contrainte.

Tchouang-tseu vivait dans la pauvreté, mais peu lui importait ; il s'attachait aux choses de l'esprit et non aux honneurs. Quelle était alors son attitude face à la mort ?

Leur vie durant, la plupart des hommes ne se préoccupent que de ces deux choses : honneurs et richesses. Lorsque arrive le soir de leur vie, néanmoins, les honneurs et les richesses ne présentent souvent plus qu'une moindre importance et ils réussissent enfin à s'en détacher. Or, il demeure très difficile de se détacher de l'idée de la mort.

En ce monde de mortels, Tchouang-tseu disait

précédemment en parlant de la tortue qu'elle aurait préféré continuer à vivre en traînant sa queue dans la boue : mieux vaut vivre dans la boue qu'être mort, donc. Dans ce cas, Tchouang-tseu était-il détaché de la mort ?

Au chapitre XVIII, « Joie suprême », figure un récit bien connu des Chinois.

Tchouang-tseu ayant perdu sa première épouse, Huizi vint lui présenter ses condoléances. Il le trouva assis par terre, en train de chanter en frappant une écuelle.

Huizi ne put s'empêcher de questionner Tchouang-tseu : « Vous venez de perdre la mère de vos enfants. Passe encore que vous ne la pleuriez pas, mais être là à chanter en frappant une écuelle, quelle attitude déplacée ! »

Tchouang-tseu lui répondit avec un grand détachement : « Ce n'est pas du tout ce que vous croyez ! Au moment de sa mort, comment aurais-je pu ne pas être terriblement affecté ? Mais, à bien y réfléchir et en reprenant tout depuis le début, ne s'avère-t-il pas qu'avant son apparition l'être humain n'avait pas de vie ? Pas de vie donc pas de forme, pas de forme donc pas de souffle. Qu'est-ce donc qui crée la vie ? Entre Ciel et Terre, un ensemble insaisissable finit par produire un souffle. Ce souffle devient progressivement forme, cette forme finit par engendrer la vie : c'est là l'origine de l'être humain. Et maintenant la vie retourne à la mort. Naissance, vieillesse, maladie, mort : tout cela n'est-il pas identique à la succession des quatre saisons ? Mon épouse n'a fait que suivre les étapes, et la voilà sur le chemin du retour. En ce moment, elle dort entre Ciel et Terre d'un sommeil tranquille et apaisé. Si je restais là à me lamenter, ne serait-ce pas le signe que je n'ai absolument rien compris à l'essence même de la vie ? »

Voyez : on parle là du décès d'un proche ! Si Tchouang-tseu réussit à conserver toute sa sérénité, c'est bien parce qu'il a su appréhender la nature même de la vie.

On retrouve cette sérénité dans les coutumes chinoises. Ainsi, dans la tradition cohabitent deux sortes d'événements heureux : les rouges et les blancs, autrement dit les noces et les funérailles. Les mariages et les naissances relèvent des heureux événements rouges ; ils signent le début de l'expansion et sont tout naturellement des marqueurs de joie. Mais quand une personne est arrivée au terme de sa vie naturelle, une cérémonie de départ est organisée : cet autre heureux événement, blanc celui-ci, est également considéré comme un marqueur de joie.

Le rouge et le blanc ne font que représenter les deux extrémités de la vie : le rouge accueille la vie qui va arriver, et le blanc raccompagne la vie qui s'est éteinte. De la naissance à la mort, la vie n'est que perpétuelle transformation.

Si vraiment nous étions pénétrés de l'approche de Tchouang-tseu, nous serions libérés de nombre d'entraves et de peines. Mais quand, tout d'un coup, nous réalisons que nos jours sont comptés, n'est-il pas beaucoup plus difficile de rester calme face à l'inéluctable ?

Comment Tchouang-tseu appréhendait-il sa propre mort ? Un passage du chapitre XXXII, « Lie Yukou », nous apporte un début de réponse.

Comme Tchouang-tseu sentait la mort approcher,

nombre de ses élèves se mirent à discuter entre eux : « Si vraiment notre Maître doit mourir, nous devrons lui organiser de somptueuses funérailles. L'enterrement devra être solennel, et il faudra utiliser les objets rituels les plus flamboyants. »

Entendant cela, Tchouang-tseu leur dit : « Une fois que je serai mort, le Ciel et la Terre seront mon double cercueil, le Soleil et la Lune seront mes deux disques de jade, les étoiles et les planètes seront mes perles, et les dix mille êtres seront les plus beaux des présents. »

Saurait-on imaginer funérailles plus somptueuses ?

Pour Tchouang-tseu, c'était très clair : « Il est hors de question que vous m'organisiez de somptueuses funérailles ! Je ne veux ni cercueil, ni accompagnement funéraire, ni présents de toutes sortes. Vous pouvez tout aussi bien me laisser seul en pleine nature ; le Ciel et la Terre sauront parfaitement s'occuper de moi. »

La situation était on ne peut plus déconcertante pour ses élèves : à l'évidence, la mort approchant, le Maître ne savait plus ce qu'il disait. Peu convaincus par sa réponse, ils tentèrent encore une fois de le persuader : « Maître, nous craignons que les corbeaux et les vautours ne vous dévorent. Mieux vaut un cercueil placé en terre. »

Tchouang-tseu répondit : « Si on me laisse dans la nature, les corbeaux et les vautours viendront me dévorer ; mais si on m'enterre, ce sont les fourmis qui viendront se repaître de moi. Vous voulez retirer leur ration aux corbeaux et aux vautours pour la donner aux fourmis ; comment justifier une telle partialité ? »

Yang Changhuai

Yang Yan

Voilà au moins une réponse qui avait le mérite d'être magnanime et pleine d'humour. La forme appartient au Ciel et à la Terre ; la mort appartient à la nature. C'est ainsi que Tchouang-tseu voyait le devenir de son corps et sa propre mort.

Ces dernières décennies ont vu fleurir de nombreuses associations de lutte contre le cancer, alors qu'il n'y a pas si longtemps encore cette maladie était plus ou moins taboue, car trop souvent synonyme de mort. Les malades étaient plus isolés. Or, de toute évidence, les temps ont changé. Comment expliquer cela ? Par les progrès de la science évidemment, grâce auxquels maintenant les malades continuent de vivre de nombreuses années, mais peut-être aussi par le changement des mentalités. L'optimisme et l'ouverture d'esprit jouent en effet un grand rôle. En craignant moins la mort, nous sommes mieux armés pour la combattre.

Tchouang-tseu ne craignait pas la mort. Il ne la craignait pas car il était habité par la joie de vivre, c'est-à-dire que chez lui la volonté de mener une vie épanouie l'avait emporté sur la peur de la mort.

De ce point de vue, Tchouang-tseu rejoint Confucius. À son élève qui l'interrogeait sur la mort, Confucius répondit : « Quand on ne sait déjà pas ce qu'est la vie, comment pourrait-on savoir ce qu'est la mort ? » (*Entretiens*, XI, 11). Effectivement, la vie entière ne suffit déjà pas à comprendre ce qu'est l'existence ; alors, pourquoi se préoccuper en plus de la mort ? De ce point de vue, Tchouang-tseu et Confucius se rejoignaient complètement.

Ce que Tchouang-tseu nous propose, c'est un ressenti de douceur et de sobriété : vivre l'instant présent. L'homme vit dans l'instant présent, et s'il sait rester détaché des honneurs, passer outre aux richesses et ne pas craindre la mort, son âme profitera toujours d'un espace et d'un horizon ô combien immenses !

On peut dire qu'avec son livre éponyme Tchouang-tseu a voulu distiller de nombreux enseignements pour notre vie. Nombre de ses appréciations font écho à celles de Confucius. Cela dit, le confucianisme se préoccupait avant tout de la vertu des hommes sages ici-bas, convaincu que la vie de chacun devait être consacrée à l'accomplissement d'une grande œuvre. Alors que ce qui importait aux yeux du taoïsme, c'était avant tout d'atteindre à une liberté de l'esprit encore plus grande et plus vaste que l'immensité du Ciel : l'homme devait parvenir à un dépassement de lui-même.

Le confucianisme exige de l'homme qu'il assume ses responsabilités à l'égard de la société, tandis que le taoïsme se place au niveau de l'individu et lui demande de se transcender tout au long de sa vie. Assumer ses responsabilités, tel est le devoir de l'homme ; mais se transcender individuellement, c'est l'horizon de toute une vie. Et c'est en lisant les nombreuses histoires dont est fait le *Tchouang-tseu* que nous pourrons appréhender sa philosophie de vie, distillée page après page. Les idées qui y sont présentées sont loin d'être manichéennes ; elles sont là pour nous servir de cadre de référence dans les nombreuses situations rencontrées dans la vie.

Pour Tchouang-tseu, l'existence humaine doit être tout entière tournée vers cet horizon suprême : une liberté affranchie de toute contrainte et solidement ancrée dans l'espace formé entre la Terre et le Ciel. Les barrières entravant le cœur de l'homme doivent être levées pour redéfinir une existence humaine tournée vers la contemplation de l'Univers.

Ce vaste cadre de référence aidera chacun d'entre nous à retrouver son humanité, libérer son cœur, repartir dans la vie avec enthousiasme pour enfin laisser advenir cette version la plus authentique de lui-même.

Nous devons nous détacher des difficultés du quotidien, car alors seulement, guidés par le sens de l'éternité, nous pourrons nous tourner vers ce nouvel horizon, celui d'une véritable liberté : cette quête de toute une vie n'est certes pas vaine.

2.

L'horizon peut être petit ou vaste

Que veut nous dire Tchouang-tseu avec toutes ses anecdotes ? Que souvent l'horizon d'une personne détermine sa vision des choses, mais qu'il peut aussi totalement transformer sa destinée.

Quand l'horizon est vaste, grand, on se sait promis à de belles choses ; mais quand il est encombré, petit, la vie s'engage dans la médiocrité et l'inaction.

Mais comment savoir si son horizon est vaste ou encombré ? Grand ou petit ? Et comment rejoindre ce vaste et grand horizon ?

« *Voyager sans contrainte* », le chapitre I du *Tchouang-tseu* est construit autour d'un thème récurrent : où est le grand ? où est le petit ?

Il nous invite à ne surtout pas limiter notre imaginaire ; il nous dit que la grandeur du monde dépasse de très loin tout ce que nous pourrions imaginer, mais qu'il en va de même de la petitesse du monde. Car la véritable grandeur et la véritable petitesse ne se mesurent pas seulement à l'aune de ce que nous voyons : on les retrouve également à l'intérieur de notre âme. Néanmoins, cet horizon n'est pas qu'une pure construction de l'esprit ; la plupart du temps, on le retrouve bien concrètement dans de nombreuses règles du quotidien. Ainsi, l'usage que fera un homme de l'horizon qui lui est dévolu, quelle qu'en soit la taille, portera nécessairement à conséquence et déterminera la direction que prendra son existence.

Huizi et Tchouang-tseu étaient fort bons amis, et les Chinois savent qu'ils aimaient à converser. Un jour Huizi vint trouver Tchouang-tseu et lui dit :

« Le roi de Wei m'avait donné une graine de grande courge. Une fois rentré chez moi, je l'ai plantée et une belle et grosse courge a poussé, d'une taille impressionnante – pensez donc, cinquante boisseaux ! Mais cette courge était énorme, impossible de faire quoi que ce soit avec. La fendre en deux afin de fabriquer un récipient pour l'eau ? Ce n'était pas envisageable car sa peau était trop fine. Elle n'était pas assez solide non plus pour servir de gourde : si on avait versé de l'eau à l'intérieur, elle serait très rapidement partie en lambeaux. J'y pensais et repensais : à quoi bon cultiver des courges aussi grandes ? Ne cultive-t-on pas des courges pour en faire des gourdes, ou alors pour les fendre en deux et en faire des récipients pour y mettre des choses ? Avec cette courge-là, on ne pouvait absolument rien faire. » Huizi enchaîna : « Cette courge avait beau être immense, elle n'était d'aucune utilité ; je décidai donc de la mettre en pièces. »

Tchouang-tseu lui dit : « Que ne sais-tu vraiment faire usage des grandes choses ! » Et, sur ce, il lui raconta une histoire :

Dans l'État de Song vivait une famille qui détenait le secret de fabrication d'un produit unique en son genre : un baume pour les mains gercées. Grâce à ce baume, quand pendant les hivers glaciaux il fallait mettre les mains et les pieds dans l'eau, ceux-ci ne gerçaient pas. Voilà pourquoi tous dans cette famille étaient blanchisseurs de génération en génération.

Un jour vint à passer un étranger qui par hasard entendit parler de ce secret de fabrication. Il voulut donc conclure un marché avec eux, leur promettant cent pièces d'or en échange du secret de fabrication.

Après l'avoir écouté, toute la famille se réunit pour réfléchir à sa proposition : « Ce secret de fabrication, nous le détenons depuis de très nombreuses générations et pourtant, même si grâce à lui nous pouvons vivre du métier de blanchisseur, nous ne faisons encore et toujours que vivoter. Et voilà que se présente aujourd'hui quelqu'un qui est prêt à échanger cent pièces d'or juste contre cette recette. Pourquoi faire la fine bouche ? Vendons ! »

L'étranger fit l'acquisition de la recette et repartit. Mais que pouvait-il bien vouloir faire avec ? En ces temps reculés régnait l'incertitude : tous les fiefs s'opposaient par les armes, avides de s'accaparer le territoire de l'autre. C'est ainsi que, dans le sud-est du pays, le roi de Wu était en conflit avec l'État de Yue. Or, il s'avère que ce conflit se situait dans une région de rivières et de lacs. Emportant le secret de fabrication avec lui, l'étranger avait aussitôt rejoint le pays de Wu, soucieux de convaincre le roi de l'importance de cette trouvaille. C'était justement le moment qu'avait choisi l'armée de Yue pour attaquer l'État de Wu. Le roi de Wu décida de lui confier le commandement de ses troupes pour, au plus fort de l'hiver, engager un conflit naval contre l'État de Yue. Grâce à ce baume, les soldats n'eurent pas à souffrir du grand froid : ni mains ou pieds gelés, ni gerçures, ni plaies d'aucune sorte. Leurs capacités de combat avaient été décuplées face à un ennemi incapable de lutter contre les méfaits du froid. L'État de Wu ne pouvait que sortir vainqueur de la bataille. L'étranger qui avait fourni la recette de fabrication se vit attribuer un fief et un titre de noblesse. Il devint immensément riche et acquit une position sociale fort enviable.

Ainsi, le même secret de fabrication avait insufflé des directions de vie différentes à chacune des personnes qui l'avaient eu entre les mains. Quand on accepte de voir grand, on constate qu'une même recette de fabrication pourra aussi bien influer sur les destinées d'un pays que modifier le statut d'un individu.

Tchouang-tseu dit à Huizi : « Il en va de même de cette grande courge. Pourquoi avoir établi une fois pour toutes qu'il fallait la fendre et en faire un récipient ? Si tu l'avais conservée telle quelle, tu aurais pu la fixer contre toi, et ainsi voguer sur l'immensité des fleuves et des lacs. Un objet ne présenterait-il une utilité qu'à partir du moment où il aurait été transformé en un autre objet bien précis ? » (chapitre I, « Voyager sans contraintes »).

Comment se fait-il que placé entre des mains différentes, un même objet se voie attribuer des valeurs aussi différentes ? Tchouang-tseu nous le dit : l'horizon d'une personne détermine sa façon de penser. La plupart du temps, les gens jettent un regard étroit sur les choses, préférant se cramponner à leur routine pour juger de la valeur de ces choses. Or, seules les personnes qui voient grand sont à même de discerner la véritable valeur de ce qui les entoure.

Dans le même ordre d'idée, j'ai lu une fois l'histoire suivante, celle de deux Américains :

Il était une fois deux frères qui en 1845 avaient quitté l'Allemagne pour les États-Unis, espérant commencer une nouvelle vie plus prometteuse à New York. Force leur fut de constater que la vie y était très difficile, et ils se mirent alors à réfléchir à la manière d'améliorer leur triste lot. Immigration ne rime pas nécessairement avec absence totale de savoir-faire. Du temps où il vivait en Allemagne, le frère aîné avait au moins acquis celui-ci : il savait très bien préparer la choucroute. Le frère cadet était encore trop jeune et n'avait donc été formé à aucun savoir-faire en particulier. Le frère aîné dit : « Pour nous qui venons d'ailleurs, il est vraiment trop difficile de nous faire une place dans une ville de la taille de New York. Le mieux est encore que je parte pour la Californie ; là-bas je pourrai cultiver du chou et continuer à fabriquer de la choucroute. » Pour le frère cadet, la donne était différente : « De toute façon, je ne sais rien faire de particulier, alors autant m'armer de courage et essayer de faire bouger les choses en restant à New York : je travaillerai le jour et j'étudierai la nuit. » Il se lança ainsi dans l'étude de la géologie et de la métallurgie.

Arrivé en Californie, le frère aîné s'installa à la campagne. La terre n'y étant pas chère, il acheta un lopin qu'il dédia à la culture du chou. Une fois le chou récolté, il le faisait fermenter. Très travailleur, le frère aîné passait ses journées à s'occuper de son champ et à faire fermenter ses choux. Il réunit ainsi les moyens qui lui permirent de fonder une famille.

Quatre ans plus tard, son diplôme d'université

en poche, le cadet partit rendre visite à son frère en Californie. L'aîné lui demanda : « Qu'as-tu à présent en main que tu maîtrises ? » Le cadet lui répondit : « Tout ce que j'ai en main, finalement, ce n'est qu'un diplôme. » L'aîné lui répondit : « Alors, mieux vaut encore gagner honnêtement ta vie en restant ici avec moi. Viens que je te montre mon champ ! »

Une fois dans le champ, le cadet s'agenouilla pour observer les choux de plus près. Remuant un peu la terre au pied d'un chou pour mieux voir sa base, il resta finalement de longues minutes ainsi à regarder avant de retourner dans la maison pour chercher une bassine. Il remplit cette bassine avec de l'eau, puis y jeta quelques poignées de terre qu'il se mit à laver.

Il constata que s'étaient détachés des petits grains métalliques aux reflets brillants et dorés qui, à présent, reposaient au fond de la bassine. Tout étonné, il leva la tête, regarda son frère et, prenant lentement sa respiration, dit : « Tu sais quoi ? Tu as planté tes choux sur une mine d'or ! »

Le fait est que, trop souvent, nous nous glissons tranquillement sur les rails que la vie nous a attribués. Jour après jour, nous nous levons le matin pour aller travailler, et le soir nous rentrons dormir. Tout le monde vit comme ça et nous faisons pareil, voilà tout. Nous usons du savoir-faire qui est le nôtre pour fonder une famille et couler des jours heureux. Jamais l'idée ne nous traverserait de bondir hors du champ de notre vécu pour reformuler la donne : ne pourrais-je pas vivre différemment ? Toutes ces compétences dont je dispose ne pourraient-elles pas servir un objectif encore plus grand ?

Le chapitre I, « Voyager sans contraintes », du *Tchouang-tseu* nous interpelle donc sur l'éternelle question de l'utilité des choses.

Nombre de parents rappellent ainsi à l'ordre leur fils ou leur fille : « À quoi bon passer l'après-midi à regarder les papillons par la fenêtre alors que tu pourrais utiliser intelligemment ton temps à faire ton piano ? » Ou peut-être les entendrez-vous dire : « Quel intérêt de se vautrer tout l'après-midi dans la boue pour construire des châteaux alors que tu pourrais profiter de ton temps libre pour améliorer ta vitesse de frappe à l'ordinateur ? »

J'ai eu l'occasion d'assister à une expérience scientifique consistant à placer un insecte sauteur à l'intérieur d'une bouteille. Il était avéré que cet insecte savait sauter très haut. Mais l'expérience consistait à le faire sauter à l'intérieur de la bouteille soigneusement refermée. Une fois dans la bouteille, l'insecte continua à sauter et, patatras, advint ce qui devait arriver : il retomba, son élan brisé par le bouchon. Sa deuxième tentative se solda bien évidemment par le même échec. Il continua ainsi à sauter, mais chaque fois de moins en moins haut. Au bout d'un certain temps, le bouchon fut dévissé. L'insecte continua à sauter, mais sans jamais plus sauter suffisamment haut pour pouvoir s'extraire de la bouteille : pour lui, il était désormais acquis que la limite imposée par ce bouchon ne pouvait être dépassée.

Notre conception actuelle de l'éducation présente un visage bien chagrin : les parents consacrent tout leur amour à imposer à leur enfant un ensemble de règles capuchonnées du bouchon de l'utile.

Nous expliquons ainsi à nos enfants qu'une gourde a pour unique vocation de devenir un récipient, qu'en aucun cas elle ne saurait se transformer en une énorme bouée capable de transporter un homme au-delà des fleuves et des océans ; qu'un champ ne saurait servir à autre chose qu'à planter des choux ou autres légumes indispensables à notre quotidien, Personne n'irait jamais se demander si ce champ ne pourrait receler des trésors de réserves minérales.

La pensée conventionnelle enchaîne notre âme et notre esprit. Notre approche conventionnelle de la vie nous impose de bien tristes limites. Pourtant, les limites sont faites pour être dépassées : il suffit de remettre en question nos propres valeurs pour espérer atteindre la véritable liberté de mouvement, celle qui ne connaît ni entraves ni contraintes.

L'utile et l'inutile peuvent être avantageusement intervertis. Est-il vraiment indispensable d'organiser sa vie en s'alignant sur des normes, des usages, des règles ?

La petite histoire qui suit apporte un élément de réponse. Une grosse société voulait embaucher un télégraphiste et avait invité toute personne maîtrisant le code morse international à proposer sa candidature. De nombreuses personnes avaient répondu à l'appel et avaient ainsi été convoquées dans le grand hall d'accueil de l'entreprise.

Une fois arrivés, les candidats furent frappés de constater à quel point l'environnement de travail était bruyant. Effectivement, les employés de l'entreprise étaient tous très affairés : allées et venues incessantes, discussions, appels téléphoniques. Le brouhaha régnait. Plusieurs dizaines de personnes patientaient ainsi dans cette ruche, assises les unes à côté des autres dans l'ordre d'arrivée. L'entretien avait lieu dans une toute petite pièce mystérieuse au fond du hall d'accueil et toutes attendaient que le responsable des ressources humaines les appelle.

Un dernier candidat se présenta en retard. Il se raccorda en bout de queue, se tenant debout car il n'y avait plus de siège pour lui. Il resta ainsi quelque temps avant de se diriger soudain tout droit jusqu'à la petite pièce mystérieuse, d'en pousser la porte et d'y entrer. Tous en furent sidérés : comment se faisait-il qu'il ait pu entrer en doublant tout le monde ?

Quelques instants plus tard, le responsable des ressources humaines ressortit de la petite pièce accompagné de l'homme en question et annonça à ceux qui étaient là à attendre leur tour : « Je suis désolé, le poste est désormais pourvu, vous pouvez rentrer chez vous à présent. »

Les autres candidats furent outrés : « Ce type est arrivé en retard, il s'est directement précipité sur la porte et c'est lui qui a le poste ! Nous avons attendu très longtemps, vous ne nous avez posé aucune question, vous ne nous avez donné aucune possibilité de nous exprimer et nous voilà congédiés. Pourquoi ? »

Le responsable des ressources humaines répondit sans se laisser démonter : « Nous avons fait exprès d'organiser notre recrutement dans un environnement aussi bruyant. En effet, c'est justement dans ce brouhaha général que j'avais choisi de faire diffuser un message en morse qui disait, une fois décodé : "Que celui qui a décodé ce message entre directement dans la petite pièce." »

Ce candidat était arrivé plus tard que les autres mais, dans ce vacarme, il avait entendu et décodé le message. Voilà pourquoi il avait réussi. Il n'avait pas fait comme les autres candidats, obéi aux règles préétablies en restant assis là à attendre. Entre tous, il avait été le seul à entendre le message, il était donc le seul à véritablement maîtriser le morse. Il méritait le poste.

Voilà une histoire bien de notre temps. Qui ne saurait à un moment ou à un autre de sa vie rencontrer ce genre d'opportunité ?

Tchouang-tseu était un homme d'une grande sagesse, et les grands sages ne sauraient se contenter de nous transmettre de petites recettes. Ce qu'il veut nous transmettre, ce sont un horizon et un certain regard.

Cet horizon, nous souhaitons tous l'atteindre. Mais la capacité à embrasser les choses dans leur globalité, l'avons-nous vraiment en nous ? Si tel était le cas, nous profiterions de chaque opportunité qui se présenterait à nous.

Il est un mot que nous utilisons beaucoup : « compétence ». Et, de fait, chacun d'entre nous devrait se demander : quelles sont mes compétences ? La compétence ne peut être falsifiée ; elle est unique. Dans le monde actuel, le meilleur n'existe pas, seul compte ce qui est unique.

Une courge, même petite, pourra devenir un récipient : elle a son utilité. Un arbre, même petit, servira à fabriquer une table ou une chaise : il a son utilité. Une courge devenue énorme n'aura pas besoin d'être fendue en deux, elle pourra servir de bouée pour traverser les fleuves et les océans : elle aussi a son utilité. Un arbre devenu grand pourra servir à abriter l'homme du vent et de la pluie : il a également son utilité.

Jamais il ne faut jalouser son prochain. Il faut savoir interroger son cœur : quelles sont donc mes compétences ? Qu'est-ce qui me différencie des autres ?

Le *Tchouang-tseu* contient beaucoup d'histoires d'arbres – par exemple au chapitre IV, « Le monde des hommes » :

Un charpentier du nom de Shi se rendait dans le pays de Qi quand son chemin croisa un chêne. L'arbre était vénéré par les gens du coin, qui le considéraient comme une émanation du génie du sol.

Quelle taille avait cet arbre ? Quand il s'agissait de décrire les choses, Tchouang-tseu pouvait avoir un sens de l'exagération éminemment poussé. Ainsi apprend-on que l'ombrage de cet arbre pouvait permettre à plusieurs milliers de bœufs de prendre le frais en même temps, qu'il mesurait cent pieds de circonférence, qu'il était aussi haut qu'une montagne, et qu'il fallait grimper de plusieurs toises avant d'atteindre les premières branches.

Cet arbre attirait les foules, et pourtant le charpentier Shi passa devant sans même lever la tête. Son apprenti lui demanda : « Une aussi belle pièce de bois, et vous ne lui accordez pas l'ombre d'un regard ? »

Le charpentier Shi répondit : « Ce genre d'arbre est inutile, son bois ne vaut pas grand-chose. Si l'on en fait des bateaux, ils ne tiendront pas longtemps sur l'eau ; si l'on en fait des cercueils, ils pourriront très vite ; si l'on en fait des ustensiles, ils se casseront en moins de deux ; si l'on en fait des portes, elles suinteront ; si l'on en fait des piliers, ils seront rapidement vermoulus. Cet arbre n'est donc vraiment bon à rien. »

La nuit venue, le charpentier Shi rêva que le chêne s'adressait à lui en ces termes : « Si j'avais été bon à quelque chose, comment aurais-je pu atteindre pareille taille ? Tu dis que je suis un arbre inutile. Mais si j'étais utile, ne m'aurait-on pas déjà abattu depuis longtemps ? Pourrais-je avoir atteint une telle taille et être encore ici aujourd'hui ? »

L'arbre inutile poursuivit : « Regarde les arbres fruitiers et toutes les cucurbitacées : en voilà qui sont considérés comme utiles. Chaque année ils prodiguent leurs bienfaits, et tous les couvrent d'éloges. Or, les grosses branches sont brisées tandis que les plus menues ploient sous la charge. Tous ces fruits qu'ils s'évertuent à produire année après année, à peine ont-ils mûri que les hommes viennent les en déposséder. C'est bien parce qu'ils sont utiles qu'ils se nuisent à eux-mêmes et périssent prématurément ; c'est bien parce que je suis inutile que j'ai pu me préserver aussi longtemps. Voilà ma grande utilité ! »

Toujours au chapitre IV, « Le monde des hommes », Tchouang-tseu place les explications suivantes dans la bouche de Ziqi de Nanbo : Jingshi, dans l'État de Song, est une terre de prédilection pour les catalpas, les cyprès et les mûriers. L'arbre pouvant être enserré des deux mains risque d'être abattu par celui qui aura besoin de fabriquer un pieu pour attacher ses singes ; l'arbre pouvant être ceinturé de trois ou quatre longueurs de bras risque d'être abattu par celui qui aura besoin d'une poutre pour construire sa maison ; quant à l'arbre ayant réussi à devenir si grand qu'il peut être ceinturé de sept ou huit longueurs de bras, il risque d'être abattu pour fabriquer les cercueils de la famille d'un riche notable.

Du début à la fin et quelle que soit leur taille, ces arbres sont évalués par d'autres ; ils se voient attribuer une valeur au rabais, une valeur utilitaire, et sont transformés en un quelconque objet pratique. Mais un arbre qui aura réussi à grandir au-delà de l'imaginaire commun, jusqu'à pouvoir être ceinturé de mille bras, aura su préserver sa vie.

Lors d'un séjour au Tibet, j'avais vu un arbre immense, dans la région de Nyingchi. Jamais je n'en ai contemplé d'aussi grand : il fallait plus de vingt personnes se tenant par la main pour parvenir à l'entourer. Ayant atteint une telle dimension, il ne pouvait qu'être l'objet d'un pèlerinage. Voilà pourquoi quiconque passait dans la région faisait nécessairement le détour. Les gens s'installaient sous l'arbre pour chanter, danser, et boire de l'alcool d'orge. Cette scène n'est pas sans nous rappeler l'histoire contée par Tchouang-tseu. Un arbre aussi adulé, qui aurait encore songé à l'abattre pour en faire des coffres et des armoires ?

Un arbre ne saurait avoir pour simple vocation de devenir poutre ; il devrait pouvoir s'épanouir jusqu'à atteindre le Ciel, et ainsi devenir objet de vénération pour tous. Cette histoire de Tchouang-tseu nous parle aussi, à nous qui vivons dans une société donnant la primauté au succès et à l'immédiateté des avantages.
Nous portons souvent un jugement définitif et borné sur les choses à l'aune de leur utilité ou de leur inutilité immédiate. Or, c'est quand on accepte d'élargir son regard qu'on comprend ce que signifie être promis à de belles choses, être véritablement utile.

Mais alors, comment élargir cet horizon ?

Ce que nous reconnaissons aujourd'hui comme étant utile ne l'est peut-être que partiellement. La vraie utilité est ailleurs : elle est dans une existence tournée vers le vaste horizon.

Le célèbre poète Su Dongpo (1037-1101) a écrit : « Une frêle embarcation désormais me porterait au loin, confiant aux fleuves et aux mers le restant de mes jours. » Et quelques siècles auparavant déjà, cet autre grand poète qu'était Li Bai (701-762) avait préféré prendre la vie sur le ton de la légèreté, ignorer gloire et richesses. À la fin de sa vie, le grand poète Du Fu, son contemporain, lui demanda : « Avez-vous des regrets ? »

Li Bai lui répondit : « Je suis à la recherche de la route qui me mènerait à l'immortalité, mais je n'ai pas encore réussi à fabriquer le cinabre d'immortalité. Quand je pense à l'immortel Ge Hong qui vécut sous la dynastie Jin, ce grand alchimiste et auteur de *Celui qui embrasse la simplicité*, j'estime ne pas être à sa hauteur. » Du Fu en demeura bouche bée : ainsi, ce grand poète qui jamais n'avait failli ni à l'égard de son empereur ni à l'égard de ses parents estimait avoir failli à l'égard de Ge Hong. Mais quelle existence Li Bai avait-il donc menée ? Du Fu lui dédia ce quatrain :

> Quand arrive l'automne je me vois encore mener une vie vagabonde
> Je n'ai pu fabriquer le cinabre et j'ai honte devant Ge Hong
> Cédant à l'alcool et chantant insensé je laisse passer les jours vides de sens
> S'envoler crânement et agir en despote pour qui tant d'arrogance ?

Toute sa vie, Li Bai se démena et, arrivé à un âge avancé, il vagabondait encore. « Quand arrive l'automne » désigne l'automne de la vie, mais c'est à peine s'il y prête attention. Telle fut l'existence de Li Bai : « Cédant à l'alcool et chantant insensé je laisse passer les jours vides de sens, s'envoler crânement et agir en despote pour qui tant d'arrogance ? »

Et, de fait : « Pour qui tant d'arrogance ? » Dans ce monde, Li Bai ne chercha jamais à devenir prince, ni à demeurer dans les annales de l'Histoire, ni à obtenir honneurs et titres ; jamais il n'éprouva le besoin de se voir attribuer un titre honorifique. Seul lui importait ce que lui dictait son cœur. Voilà qui fait de lui un héros du Ciel et de la Terre, libre.

Ce héros du Ciel et de la Terre est celui que décrit le poète Li He (791-817), qui vécut à l'époque des Tang : « Les héros du monde n'ont pas de maître. » Cessons de toujours penser que le héros est cet homme, courageux et loyal, prêt à mourir pour son prince. Non, le véritable héros est celui qui sait se mettre au service de son cœur. Une vie ainsi menée selon les décisions de l'âme et de l'esprit ouvrira à chacun d'entre nous un horizon nouveau et unique. Voilà ce qu'est le véritable éveil à la vie.

L'éveil est un concept bouddhiste, *jue-wu* en chinois. D'un point de vue graphique, les deux caractères formant ce mot sont en soi très intéressants. Ainsi, dans la partie inférieure de *jue* on trouve *jian*, qui signifie « voir » ; tandis que du côté gauche de *wu* on trouve le cœur, dressé à la verticale, et du côté droit un autre caractère, également prononcé *wu*, qui signifie « moi ». *Wu*, « cœur dressé » à gauche et « moi » à droite : voilà qui signifie « mon cœur ». *Juewu*, l'éveil, explicité avec nos mots à nous, signifie bel et bien « voir mon cœur ».

La question mérite d'être posée : en l'espace d'une vie, combien sont ceux qui auront su voir leur cœur ? Vous aurez beau avoir compris le monde, compris les autres ; ce n'est qu'en ayant vu votre cœur que vous accéderez à l'éveil.

L'éveil spirituel tel que le pratique l'école Zen s'effectue en deux étapes :

Il y a d'abord le *jue* : une nouvelle connaissance, une parole entendue, et l'espace d'un instant votre horizon est transpercé. L'expression « avoir un éclair de lucidité » décrit fort bien cette sensation. Voilà ce qu'on appelle le *jue*.

Mais cette construction de soi qui s'étale sur toute une vie, où chaque situation rencontrée invite à un retour sur soi, pour réfléchir, pour comprendre, jour après jour, mois après mois, ce processus long, cumulatif et transformationnel, voilà ce qu'on appelle le *wu*.

Le *jue* est un instantané, le *wu* est un processus. C'est l'association de l'instantané et du processus d'une vie qui vous permettra de voir votre cœur. Voilà ce qu'on appelle le grand éveil de la vie.

Le Classique des trois caractères, *un résumé de la pensée confucéenne à enseigner aux enfants et écrit en vers de trois caractères, stipule que les hommes à la naissance sont naturellement bons. Dans ce cas, pourquoi tant de conflits depuis la nuit des temps ?*
En nous invitant à considérer l'existence avec un horizon élargi, à voir les honneurs et richesses pour ce qu'ils sont, à savoir insignifiants, Tchouang-tseu pose une autre question : à quoi bon se quereller pour si peu ? Ce qui compte, c'est pouvoir mener une vie heureuse.
Comment y arriver ?

On ne saurait nier le dur visage de la guerre, mais Tchouang-tseu réussit pourtant à en parler avec humour, et notamment dans le chapitre XXV, « Zeyang ». Il y raconte l'anecdote suivante :

Deux pays, Agression et Barbarie, se menaient une guerre de territoire sans fin. Le sang coulait à flots, les morts jonchaient le sol, et le peuple en subissait de plein fouet les conséquences.

Et saviez-vous quelle était la taille du territoire que tous deux convoitaient ? demande Tchouang-tseu. Et de répondre : Agression et Barbarie, l'un habitait la corne gauche d'un escargot, l'autre habitait la corne droite !

N'est-ce point risible ?

Lisez le *Commentaire de Zuo*, qui est le principal commentaire des *Annales des printemps et des automnes*, une chronique de l'État de Lu datant de 722 à 480 avant J.-C. Vous constaterez qu'aucune des guerres qui y sont décrites n'était juste.

Tous y brandissent la bannière de la justice, mais dans ce genre de conflits aucun ne peut se targuer d'en être un parfait représentant. La justice n'est que prétexte à tueries. Aussi, quand vous comprenez que le territoire convoité a tout au plus la taille d'une coquille d'escargot, quelle autre conclusion pourriez-vous tirer ?

Notre vie passe avec une rapidité fulgurante. Dans ce laps de temps limité qui nous est imparti, peu importe que nous soyons riche ou pauvre, peu importe notre style de vie : ce à quoi il ne faut surtout jamais renoncer, c'est à la joie.

Celui qui chicane sur chaque centime, qui a un esprit borné, qui ne sait pas sourire à la vie, tout l'accapare et il ne peut voir plus loin.

Quelqu'un a demandé un jour au Bouddha : qu'appelle-t-on le bouddhisme ? Le Bouddha a répondu : le bouddhisme, c'est l'absence de tourment.

Si nous voulons atteindre un horizon libéré de toute

contrainte, nous devons faire sauter ces conventions qui nous entravent, inverser notre façon de penser, et regarder tous ces événements qui baignent notre quotidien – la guerre, la politique, les vengeances, les griefs – comme autant de querelles autour d'une coquille d'escargot, d'événements ne faisant que passer à une vitesse fulgurante. Et considérer notre âme, que nous pouvons entièrement piloter, comme d'une infinie grandeur.

Je me souviens que pour le peintre et essayiste Feng Zikai (1895-1975) la vie de l'homme devait avoir trois horizons : la vérité, la beauté et la bonté.

Notre vie matérielle doit être orientée vers la vérité. Dans notre quotidien, nous respectons des règles, nous travaillons, nous devons nous conformer à de nombreuses exigences. Pour autant, nous ne devons jamais renoncer à rechercher la vérité.

Le deuxième horizon est celui de la beauté. Se réunir entre amis pour écouter de la musique, apprécier ensemble des poèmes, prendre plaisir aux lettres et aux arts : il s'agit là d'orienter notre vie vers la beauté, de développer notre jugement esthétique.

Mais l'horizon le plus élevé demeure encore celui qui touche à l'âme, et la vie de l'âme est régie par le troisième horizon, celui de la bonté.

Que notre horizon soit grand ou petit, nous menons tous des vies qui dans les grandes lignes se ressemblent.

Peu importe finalement la façon dont nous organisons concrètement cette vie ; ce qui compte, c'est la façon dont nous l'appréhendons. Peu importent les contingences ; ce qui compte, c'est la manière dont notre âme appréhende les notions d'utile et d'inutile, et les valeurs qui en découlent.

Quand nous privilégions trop les succès et les avantages immédiats, au point de ne plus voir les fleurs au printemps et la lune à l'automne, n'est-ce pas regrettable ? Quand nous avons perdu le goût des plaisirs simples avec nos proches petits et grands, n'est-ce pas regrettable ? Quand nous avons perdu les nombreuses occasions qui nous étaient données de voyager sans contrainte pour, oublieux des années qui défilent, préférer accumuler des succès bien vains, peut-on ne pas ressentir de remords ?

Dans ce chapitre, nous avons relu Tchouang-tseu à la lumière de l'éveil, lui seul peut nous aider à aller dans le tréfonds de notre cœur. L'objectif était de nous libérer pour qu'à notre tour nous puissions atteindre l'horizon où le voyage se fait sans contrainte.

3.

Éveil et transcendance

Honneurs et richesses : nombreux sont ceux qui y consacrent leur vie. Or, quiconque voudra atteindre cet horizon prôné par Tchouang-tseu et « voyager sans contrainte » devra absolument passer outre à ces considérations. Et la condition sine qua non pour transcender honneurs et richesses sera même d'adopter un total détachement à leur égard.

Mais comment trouver en soi la force de se détacher ? Comment la lecture du Tchouang-tseu *pourrait-elle nous éveiller à la vérité du monde ? Comment se transcender soi-même pour atteindre un horizon idéal ?*

Se transcender : voilà encore un thème souvent abordé dans notre vie quotidienne.

Que signifie exactement se transcender ? Quelle en est l'essence ? La capacité à se transcender repose sur la connaissance du monde réel, ainsi que sur la capacité à savoir discerner ce qui est immuable, permanent par-delà la tourmente dans laquelle nous entraîne notre lot quotidien.

Ouvrons d'abord une parenthèse.

On raconte qu'un jour que l'empereur Qianlong (1711-1799) était en déplacement au-delà du Yangzi, un des grands fleuves de Chine, il fit une halte au monastère de Jinshan à Zhenjiang, où il rencontra le moine Fapan, en charge de la communauté monastique. Il lui posa la question suivante : « Les bateaux ne cessent d'aller et venir sur le Yangzi, le fleuve grouille d'activité ; combien de bateaux se croisent ainsi chaque jour ?

— Il n'y en a que deux, lui répondit le moine.

— Comment se pourrait-il qu'il n'y ait que deux bateaux ?

— L'un est dédié aux honneurs, l'autre aux richesses ; sur tout le Yangzi, on ne trouve que ces deux-là. »

Nous avions déjà évoqué ce mot de Sima Qian extrait de ses *Mémoires historiques* : « Le monde entier s'enthousiasme et se déchire pour les richesses. » Mais, juste après les richesses, ce qui accapare le plus le commun des mortels, ce sont les honneurs. Voici donc les deux points d'appui que nous estimons indispensables à notre existence : les honneurs et les richesses.

Dans le chapitre I, « Voyager sans contrainte », Tchouang-tseu raconte l'histoire de l'empereur Yao qui voulait abdiquer en faveur de Xu You :

Les anciens Chinois considéraient l'empereur Yao comme le plus grand parmi les sages, comme le souverain le plus éclairé et le plus vertueux que la Terre ait jamais porté. Et Xu You ? La légende le décrit comme un ermite à la vertu surhumaine.

Et un jour, d'après Tchouang-tseu, l'empereur Yao aurait très sérieusement tenu les propos suivants à Xu You : « Lorsque le soleil et la lune apparaissent, brillant de mille feux, à quoi sert-il encore que nous allumions nos torches ? Vouloir concurrencer le soleil et la lune, n'est-ce pas trop difficile ? Et lorsque sont tombées les pluies de saison et que toutes les plantes ont bien profité de leurs bienfaits, à quoi servirait-il encore de venir les arroser, ne serait-ce point peine perdue ? »

L'empereur aurait très sincèrement poursuivi : « Homme vénérable, je vois bien vos grandes qualités : je gouverne le monde, mais force est de constater que la torche a rencontré le soleil, que le seau d'eau a rencontré la pluie bienfaisante. Je ne suis certes pas qualifié, aussi permettez-moi de vous remettre les rênes du monde. »

Rendez-vous compte : ce n'est pas un petit fonctionnaire qui demande à être relevé de ses fonctions ; il s'agit de l'empereur Yao qui veut abdiquer en faveur de Xu You ! Quelle fut selon vous la réaction de ce dernier ?

Très douce, en vérité : « Vous gouvernez déjà tellement bien le monde, que pourrais-je lui apporter de plus ? Si je venais à prendre votre place, ne serait-ce point uniquement pour les honneurs ? Les honneurs ne sont que l'hôte du réel ; le réel est le maître, les honneurs ne sont que leur hôte. Aurais-je cette ambition de devenir un hôte, mû uniquement par l'appât des honneurs ? Non, cela n'est pas envisageable. »

Xu You poursuivit avec une parabole classique : « Le minuscule troglodyte qui habite la vaste forêt dispose de toute son étendue pour s'y installer ; pourtant, il ne pourra jamais faire son nid que sur une unique branche. La minuscule taupe qui boit l'eau du fleuve dispose de toute la longueur du fleuve pour étancher sa soif ; pourtant, elle ne pourra jamais remplir que son tout petit ventre. »

Pensez-y : l'existence a des limites finies. Combien de repas chacun d'entre nous pourra-t-il manger dans sa vie ? Quelle superficie pourra-t-il au plus occuper ? Le lit sur lequel vous vous allongez pour dormir prend fort peu de place, et quand bien même vous habiteriez un bel appartement de trois cents mètres carrés ou encore une magnifique villa de mille mètres carrés, l'espace dont vous auriez besoin pour dormir ne serait pas différent de celui dont nous tous avons besoin.

Grand est le détachement. Et ce détachement serein dont témoigne Xu You, au point de refuser la charge de gouverner le monde, exige une hauteur d'âme et d'esprit incomparable.

À l'instar de Tchouang-tseu, le poète Khalil Gibran a tiré ce difficile constat : nous sommes déjà allés trop loin, au point d'avoir oublié pourquoi nous étions partis.

Cette remarque me rappelle une histoire qu'on m'a racontée, celle de cet homme qui un jour avait voulu accrocher un tableau au mur et qui, pour ce faire, avait remué sa maison de fond en comble à la recherche d'un marteau et d'un clou. Le clou une fois planté, il s'était malheureusement rendu compte qu'il ne serait pas assez résistant pour supporter le poids du tableau. Que faire ? « Dans ce cas, pensa-t-il, je n'ai qu'à ajouter une cheville en bois dans le mur, et après je pourrai planter un autre clou dedans. »

Il se mit donc en quête d'un morceau de bois. Or, celui qu'il trouva était trop grand. Il partit donc à la recherche d'une hache. Quand il eut trouvé la hache, il se rendit compte qu'elle n'était pas adaptée à ce type de bois et se mit donc cette fois en quête d'une scie. S'il trouva bien la scie, ce fut pour découvrir que sa lame était cassée. Il partit donc à la recherche d'une nouvelle lame. Les choses s'enchaînant les unes après les autres, quand il eut enfin réussi à rassembler tout ce dont il avait besoin, il s'avéra qu'il ne savait plus pourquoi il était ainsi parti en vadrouille. En effet, cela faisait déjà bien longtemps qu'il avait oublié son tableau.

Tout cela n'est pas sans nous rappeler notre mode de vie actuel : du matin au soir nous allons et venons, nous nous démenons, nous avons toujours quelque chose à faire. Mais nous avons oublié ce pour quoi nous étions partis.

Nous sommes là dans la confusion la plus totale. Aussi est-il important que chacun d'entre nous apprenne à définir son objectif personnel, sa propre orientation, à soupeser les options qui se présentent à lui.

> *La vérité première de la vie, le vaste horizon de l'existence parfois se dévoilent, se ressentent à travers les menus détails qui jalonnent nos vies. Mais comment entrapercevoir le vaste horizon à travers les détails les plus infimes ?*

Parfois, ce sont les petites choses du quotidien qui nous mettent sur la voie du vaste horizon. Mais ce vaste horizon, seuls un cœur apaisé et les yeux de la sagesse nous permettront de le distinguer. Car ce n'est qu'en réussissant à apaiser notre cœur, à dégager un espace imperceptible et souple, que notre œil peut se faire perspicace. Et alors seulement nous pouvons voir que dans les recoins les plus inattendus se cachent parfois de nombreuses vérités premières.

Nous pouvons prendre pour exemple l'expérience vécue par un célèbre chanteur d'opéra. Au début de sa carrière, il était toujours en proie à une grande nervosité, accablé par cette responsabilité que lui imposait sa voix, cet instrument.

Les tournées en particulier l'épuisaient totalement. Le soir, dans sa chambre d'hôtel, il se tournait encore et encore dans son lit, incapable de trouver le sommeil, terrorisé à l'idée de perdre sa voix, de ne plus réussir à chanter.

Une nuit, un nourrisson ne cessa de hurler dans la chambre d'à côté. Il avait à l'évidence l'habitude de pleurer sans interruption toutes les nuits. Le ténor n'en pouvait plus. Incapable de s'endormir, il était de plus en plus sur les nerfs ; et plus il était agacé moins il arrivait à trouver le sommeil. Et voilà que, tout d'un coup, une chose lui vint à l'esprit : « Ce bébé pleure depuis plusieurs heures déjà, pourtant sa voix ne faiblit pas. Comment expliquer cela ? » Oubliant le sommeil tant attendu, il se mit à écouter attentivement, à réfléchir avec méthode. Et il finit par comprendre : ce nouveau-né découvre à peine la vie extra-utérine, il ne sait donc pas utiliser sa voix, et pour crier il recourt à son diaphragme, lequel lui permet de contrôler son souffle. Voilà pourquoi sa voix ne peut s'enrouer.

Ainsi le célèbre chanteur venait-il de comprendre une chose fondamentale : nous, les adultes, utilisons indépendamment chaque partie de notre corps ; pour chanter, nous utilisons donc la voix seule, laquelle s'enroue au bout d'un certain temps. Or, si nous apprenions à contrôler notre souffle avec notre diaphragme, nous pourrions probablement économiser notre voix.

Après cette révélation, le chanteur décida que,

dorénavant, il entraînerait régulièrement son diaphragme. À partir de cet instant, sa technique vocale progressa à pas de géant, ce qui marqua un tournant dans sa carrière et lui permit d'établir son prestige dans le monde de l'opéra.

Que nous raconte cette histoire ? Que le plus inattendu, le plus insignifiant peuvent nous enseigner la plus subtile des vérités. Que l'élément le plus déterminant, c'est vous et votre capacité à faire attention aux détails pour en extraire les connaissances et les signes qui vous correspondent.

Notre regard détermine notre vie.

Nombreux sont ceux qui, avides de gloire, courent après le succès. Sans même parler d'abdiquer un trône, nombreux sont ceux qui ne peuvent renoncer au plus petit poste à responsabilité, à la plus petite opportunité supplémentaire qui s'offre à eux. Et pourquoi ? Parce que nous ne supportons pas la solitude, parce que nous avons besoin de cette gloire pour démontrer notre valeur.

Un dicton dit : « Dans la vraie compétition, les champions précèdent toujours les applaudissements. »

Voilà qui mérite réflexion. Imaginez une course sportive, cent mètres ou marathon : tant que personne n'a atteint la ligne d'arrivée, le public n'applaudit pas. Mais dès que le premier coureur la franchit, là les applaudissements fusent. Voilà pourquoi les coureurs qui arrivent derrière lui entendent beaucoup plus les applaudissements que le champion lui-même.

Le champion est celui qui, dans la solitude, franchit en premier la ligne d'arrivée. Et c'est justement cette solitude qui lui aura offert les applaudissements et la gloire.

Ce dicton peut servir de révélateur pour chacun d'entre nous.

Les anciens connaissaient le détachement et le calme ; ils savaient abdiquer un trône. Pourquoi ? Parce que la solitude avait une place déterminante dans leur vie, elle élargissait et dynamisait leur existence.

Or, si nous nous affairons aujourd'hui, c'est tout au contraire pour disperser cette solitude. Sans envisager qu'elle puisse pourtant être une bonne chose.

La solitude n'est pas nécessairement synonyme d'affliction, de désolation. Il s'agit d'un temps de repos qui nous est donné. C'est en faisant face à la solitude que nous pourrions bien entrapercevoir un horizon inattendu.

Du vaste horizon, Tchouang-tseu dit qu'il est celui capable d'embrasser tous les êtres, qu'il peut être placé au-dessus des dix mille êtres qui peuplent le monde et les fusionner pour qu'ils ne forment plus qu'un.
À chacun sont donnés des talents et des qualités qui détermineront son horizon, forgeront sa destinée.

Une fable tirée du chapitre I, « Voyager sans contrainte », parle de ce fameux horizon.

Autrefois vivaient deux pratiquants du Tao, Jian Wu et Lian Shu. Un jour, Jian Wu dit à Lian Shu : « J'ai entendu dire que sur le mont Gushe vit un

Yang Yan

Yang Yan

être incroyable. Sa peau est pure comme la neige immaculée, étincelante et diaphane comme la glace ; son tempérament est innocent et délicat comme celui d'une vierge. Il vit dépourvu de tout souci. Il ne mange aucune des cinq céréales, se contente de humer le vent et de boire la rosée. Il sait chevaucher les dragons volants qui, fendant les nuages, l'amènent où bon lui semble au-delà des quatre mers. La simple concentration de son esprit fait mûrir les récoltes ; aucune calamité n'a été déplorée cette année. » Et Jian Wu d'ajouter : « Comment pourrais-je croire une histoire pareille ? Est-il possible qu'un tel être existe ? »

Lian Shu lui répondit : « Écoute-moi bien. En ce monde, jamais tu ne pourras admirer la splendeur des couleurs avec un aveugle, jamais tu ne pourras apprécier les sons de la cloche et du tambour avec un sourd. Tu sais que le corps d'autrui peut présenter une cécité, une surdité, ou toute autre difformité visible ; mais tu ne sais pas si, en son âme et esprit, autrui ne présente pas aussi une difformité. Tel est pourtant ton cas : ton horizon n'est pas suffisamment vaste, ta vue n'est pas suffisamment large, voilà pourquoi il t'est impossible de croire qu'une telle personne puisse exister. Et pourtant je te le dis : cette personne existe. »

Cet être incroyable, par son immense vertu, est capable d'embrasser tous les êtres dans leur unité originelle. Sa vertu le place au-dessus des dix mille êtres et les fusionne pour qu'ils ne forment plus qu'un.

Lian Shu emploie des termes émouvants : « embrasser tous les êtres ». Il s'agit là tout simplement de permettre à chacun de devenir la personne la plus vénérable entre le Ciel et la Terre. La capacité à embrasser tous les êtres n'est certes pas l'apanage des êtres immortels ; elle existe également dans les profondeurs de notre cœur.

Dans son célèbre travail de calligraphie, *Préface au recueil du pavillon des Orchidées,* Wang Xizhi (IVe siècle après J.-C.) avait calligraphié cette phrase : « Lever les yeux vers l'immensité de l'Univers, baisser les yeux vers la multitude des êtres. » Lorsqu'une personne réussit à faire sienne cette phrase, lorsque sa vue réussit à capturer toute la diversité du monde, comment son cœur ne pourrait-il pas « embrasser tous les êtres » ?

Quand, à plusieurs reprises, Tchouang-tseu écrit que « le cœur voyage loin », parle de « vagabonder en toute indépendance entre le Ciel et la Terre », n'est-ce pas là « embrasser tous les êtres » ?

Voilà pourquoi Lian Shu poursuit : « Rien ne peut atteindre cet être exceptionnel. Si un déluge s'abattait, emportait tout sur son passage et s'élevait jusqu'au Ciel, il en réchapperait ; si la sécheresse liquéfiait les métaux et embrasait les montagnes, il n'en ressentirait pas les effets. » Pourquoi donc ? Parce que en son cœur sont ancrés cette inébranlable conviction, cette capacité, cet horizon. Cet être exceptionnel, Tchouang-tseu l'a fabriqué de toutes pièces, dans l'objectif non pas de nous servir une belle histoire mais bien de nous parler de la vie. Car ce sont moins nos qualités, quelles qu'elles soient, qui détermineront notre horizon que notre capacité à rester éveillé.

Le comportement d'une personne pourra

entièrement déterminer le cours de sa vie. Le tempérament et les circonstances, l'inné et l'acquis, mais aussi ses valeurs détermineront ensemble le chemin qu'elle prendra.

On pense fréquemment que le destin est tout tracé et qu'il dépend complètement des circonstances. Il n'en est rien car nos choix, nous les effectuerons en nous fondant sur les valeurs auxquelles nous adhérons.

Nous avons besoin d'une raison lumineuse ; cette raison est une force qui délivrera notre existence, empêtrée dans un monde matérialiste tapageur. Mais nous avons aussi besoin d'une sensibilité joyeuse ; cette sensibilité du cœur nous ouvrira la voie vers un nouveau printemps et inondera de joie tous les aspects de notre vie.

Ces deux concepts, raison et sensibilité, sont évoqués de manière inédite dans des mémoires datant de la dynastie Song (960-1279). En effet, Su Dongpo le poète et Fo Yin voyageaient souvent ensemble. Ils voyaient et découvraient les mêmes choses, mais chacun avait sa façon propre de les appréhender.

Un jour qu'ils étaient ainsi en chemin, ils s'arrêtèrent devant l'atelier d'un menuisier. Celui-ci était en train de fabriquer un meuble. Le menuisier prit un encrier d'où il tira un cordeau noirci à l'encre de Chine. Aussitôt, Fo Yin s'empara de l'encrier pour écrire les vers suivants :

> J'ai deux chambres, l'une est laissée au roi de la roue.
> Parfois je trace une ligne que les mauvais esprits du monde n'osent franchir.

Fo Yin a recours à l'image de l'encrier pour établir une analogie. Les encriers traditionnels peuvent être divisés en deux compartiments, les « deux chambres », et comprennent également une petite poulie, une « roue », laquelle se trouve dans l'un des deux compartiments. Autour de cette poulie est enroulé un cordeau que l'on peut tirer vers soi. Voilà pourquoi l'une des chambres est « laissée au roi de la roue ». Une fois déroulé, ce cordeau sert à dessiner une ligne droite, symbole de droiture et de règle de vie. Les monstres de toutes sortes, « mauvais esprits du monde », ne peuvent se mesurer à l'aune de ces critères. Cela signifie que le cœur de chacun doit abriter une norme de conduite fondée sur des principes incontournables et admis de tous. Telle est la raison.

Su Dongpo à son tour composa un poème :

> J'ai un *qin*, cinq cordes de soie cachées en mon cœur.
> Quand l'envie me prend, je les pince, et tout ce que je joue est un air silencieux sous le ciel.

Su Dongpo a donc lui aussi un objet, non pas un encrier mais une cithare, un *qin* dont les cinq cordes demeurent cachées en son cœur. Quand l'envie lui prend, il sort son *qin*, mais les sons qu'il produit, personne ne les entend. Seul son esprit les perçoit : « Tout ce que je joue est un air silencieux sous le ciel. »

Cette musique silencieuse est l'expression sublimée des sons de la nature, et ce *qin* symbolise la joie qui habite son cœur. Dans chaque endroit, devant chaque paysage, le cœur ressent une empathie : une allégresse se dégage naturellement.

Su Dongpo et Fo Yin représentent chacun un aspect idéal de notre personnalité : « obéir à la bienveillance » et « voyager parmi les arts » (Confucius, *Entretiens*, VII, 6).

« Obéir à la bienveillance » signifie que chacun dans son cœur doit obéir à un critère de bienveillance. Il s'agit d'une norme, à l'instar du cordeau tiré de l'encrier et qui trace une ligne : la ligne est claire, ne laisse aucune place au doute. « Voyager parmi les arts » fait référence à l'horizon de liberté de chacun. C'est le *qin* à l'intérieur du cœur de Su Dongpo : il joue en toute liberté la musique du cœur.

Lorsqu'une personne a rejoint cet horizon où le cœur voyage loin, libre et léger, comment ne pourrait-elle pas se sentir déterminée face à cette mer de solitude ? Face à l'immense diversité des situations rencontrées, comment ne pourrait-elle pas se transcender ?

Placées dans une même situation, des personnes aux valeurs différentes auront une appréhension de l'existence complètement différente. Tchouang-tseu l'a dit : la loi du Tao, c'est la nature, et le Tao est partout. Mais alors, dans quelles circonstances peut-on dire que la loi du Tao, c'est la nature ?

« Voyager sans contrainte », « le cœur voyage loin », « voyager parmi les arts ». Tchouang-tseu utilise souvent le verbe « voyager », et cela signifie que, pour expérimenter l'absence de contrainte, chacun d'entre nous doit créer un système dynamique. Autrement dit : pour dynamiser notre vie, ne pas la laisser se scléroser, nous devons apprendre à casser la routine. Car ce monde est régi par une dialectique selon laquelle les choses véritablement stables sont en perpétuel mouvement.

La toupie qui tourne sur elle-même : voilà une illustration parfaite de cette dialectique. Celui qui sait s'y prendre saura faire tourner une toupie indéfiniment. Tourner sur soi-même : voilà la valeur de la toupie. Mais dès que la toupie cesse de tourner, se met au repos, son équilibre est rompu et elle tombe. Voilà pourquoi le mouvement est le meilleur des équilibres.

Nous savons tous faire du vélo. Lorsque le vélo est au repos, il ne reste debout que grâce à sa béquille, les deux roues seules ne peuvent rien faire. Or, dès qu'on redémarre, les deux roues retrouvent toute leur utilité. Pourquoi donc ? Parce que en se mettant en mouvement elles assurent l'équilibre, ce que l'état de repos ne permet pas.

Devant les difficultés de la vie moderne, trop nombreux sont ceux qui parmi nous ressentent un déséquilibre intérieur. Pourquoi ? Parce que le monde bouge, mais pas eux.

Nous vivons une époque de mutations. Celui qui saura se mettre au diapason, qui saura effectuer des choix en toute liberté, qui se fixera des critères personnels à l'aune d'un horizon défini avec clarté, et qui de surcroît saura rajuster son mode de vie en ayant toujours en tête que le cœur voyage loin ; celui-là même qui toujours conservera un équilibre empreint de dynamique jamais ne tombera. Toujours il sera ce vélo en mouvement, cette toupie en mouvement. C'est lorsque vous vous mettez au repos que, inévitablement, vous tombez. Et quand vous tombez, aucune force extérieure ne peut vous secourir.

Nous nous partageons la même planète, mais nous en retirons chacun des expériences et des raisonnements très différents. Cela nous amène à parler de deux choses : la sagesse et la compassion. Sommes-nous capables de trouver de l'inspiration dans le plus petit brin d'herbe ? Sommes-nous capables de témoigner une sollicitude bienveillante à l'égard de la plus petite feuille ?

Une courge, un arbre, un chat, un oiseau : pour tous, Tchouang-tseu éprouve la même compassion. C'est tout naturellement qu'il respecte leur essence ; jamais il ne saurait exiger d'eux qu'ils changent au nom de critères déterminés pour l'homme.

Au chapitre I, « Voyager sans contrainte », Tchouang-tseu nous raconte l'histoire de cet homme du pays de Song qui apporta quelques coiffes de dignitaires au pays de Yue dans l'idée de les vendre. Compte tenu de ce qu'il savait et comprenait, le pays de Yue était une terre non civilisée : ses habitants n'ayant jamais vu de coiffes, ils se précipiteraient forcément dessus. Cet homme était convaincu que, forcément, il développerait un commerce florissant. Or, une fois sur place, il comprit son erreur : les hommes de Yue se coupaient les cheveux très courts et couvraient leur corps de tatouages. Leurs us et coutumes étaient diamétralement opposés aux siens : ils n'avaient tout simplement que faire de ses coiffes.

Que veut nous dire Tchouang-tseu ici ? Qu'il ne faut pas porter un jugement sur ce monde seulement à l'aune des valeurs que l'on porte naturellement en soi.

Il n'est pas rare que nous nous indignions : pourquoi est-ce comme ci ? Pourquoi est-ce comme ça ? C'est parce que notre cœur abrite un parti pris.

Combien de fois croyons-nous être dans le vrai lorsque nous voulons à tout prix vendre des coiffes à des hommes aux cheveux courts et au corps couvert de tatouages ? Et de nous plaindre ensuite de la vie qui ne nous fournit pas suffisamment d'occasions. Voilà bien la marque d'un manque de sagesse.

Nous ne voyons plus que l'aspect utilitaire des choses et sommes devenus incapables de faire preuve d'empathie et de compassion.

Comment définir un horizon où l'existence est dénuée de toute contrainte ?

Cette absence de contrainte n'est certes pas celle que s'arrogerait un seigneur arrogant qui se considérerait comme au-dessus des autres et serait en perpétuelle opposition avec les dix mille êtres.

Cette absence de contrainte naît du lien étroit que nous établissons avec les dix mille êtres qui peuplent le monde, en mettant à contribution notre cœur, nos yeux, notre respiration, nos actions. Là, il est possible de parler de parfaite harmonie.

Cette absence de contrainte nous demande de savoir apprécier la beauté d'une fleur sauvage et le bruissement du ruisseau, de savoir regarder le vol des oiseaux à l'horizon, et le soleil du matin transperçant les nuages. Là, il est possible de dire que notre cœur est pur.

Au printemps cent fleurs, à l'automne la lune,
en été le vent léger, en hiver la neige.
Quand aucune préoccupation n'occupe le cœur,
toutes les saisons de ce monde sont bonnes.

Ce poème bouddhiste de la dynastie Song (960-1279) nous dit que les véritables bonnes saisons de ce monde sont celles où aucune préoccupation n'occupe le cœur. Quelle forme prennent donc habituellement ces préoccupations ? Celle d'obstacles que nous nous imposons à nous-mêmes, qui nous empêchent d'élargir notre horizon.

Comment élargir l'horizon de notre vie ?

L'école Zen enseigne cette maxime : « Une poussière dans l'œil et les trois mondes sont étroits, aucune préoccupation dans le cœur et le lit est large. » Ainsi, lorsque l'œil voit une préoccupation, le cœur la ressent aussitôt et « les trois mondes [de l'homme] sont étroits », ils se resserrent. « Les trois mondes » ? Ce sont la vie antérieure, la vie actuelle et la vie future. Lorsque vous ne laissez pas partir les préoccupations qui sont dans votre œil et qu'à longueur de journée votre cœur est préoccupé, vous ne faites qu'hypothéquer votre vie antérieure et votre vie future, votre passé et le restant de vos jours. Mais si vous gardez l'esprit ouvert et le cœur à l'abri des préoccupations, nul besoin d'espace : il suffira de s'asseoir sur son lit pour ressentir l'incommensurabilité du monde.

Aussi, pour créer cet horizon en totale harmonie avec le monde, vous devez d'abord repousser vos propres frontières.

Quand Tchouang-tseu explique que la loi du Tao,

c'est la nature, il veut dire par là que nous devons laisser à notre cœur la possibilité de ressentir l'énergie qui circule dans le monde, entre le Ciel et la Terre. Le Ciel et la Terre sont partout et le Tao l'est aussi par conséquent.

Dire que la loi du Tao, c'est la nature, c'est vouloir encourager chacun d'entre nous à mesurer son propre parcours, à son rythme, à utiliser sa propre expérience pour ouvrir son âme et son esprit.

Dire que la loi du Tao, c'est la nature, c'est pouvoir tout embrasser du regard.

La loi du Tao, c'est la nature. Qu'en dit Tchouang-tseu ?

Dongguozi demanda à Tchouang-tseu : « Où se trouve donc le Tao ? » Tchouang-tseu lui répondit : « Partout. »

Ne comprenant pas, Dongguozi insista : « Donnez-moi au moins un exemple précis. »

Tchouang-tseu lui dit au hasard : « Dans n'importe quel insecte. » Le Tao se trouve donc dans le corps de n'importe laquelle de ces petites bêtes qui nous environnent.

Pas du tout satisfait de cette réponse, Dongguozi repartit : « Le Tao serait aussi vil ? »

Tchouang-tseu poursuivit : « Dans les mauvaises herbes. » Le Tao se trouverait donc aussi dans la moindre pousse d'herbe sauvage.

L'insatisfaction de Dongguozi allait grandissant : « Pourquoi le Tao est-il ainsi présenté de manière encore plus vile ? »

Tchouang-tseu répondit, plus revêche cette fois-ci : « Dans une brique. » Ainsi donc, le Tao se trouverait également dans une simple brique.

Dongguozi n'y comprenait plus rien : « Pourquoi citez-vous des exemples toujours plus vils ? »

Excédé, Tchouang-tseu enfonça le clou : « Dans la fiente. » Ainsi donc, dans les excréments.

Dongguozi se tut.

Ce bref dialogue est extrait du chapitre XXII, « Intelligence voyage dans le Nord ». Il nous apprend la chose suivante : prétendre que la loi du Tao, c'est la nature revient à dire que toute la nature est imprégnée du Tao, vérité première.

Le Ciel et la Terre sont partout, et le Tao l'est aussi par conséquent.

Il existe un dicton en Chine : « La colline est un tapis de fleurs mais le bétail n'y voit que pâturage. » Quelle description pertinente de notre vie !

Ne croyez pas que seul le bétail soit ainsi concerné : il nous arrive parfois de voir les fleurs, mais lorsque notre cœur est obstrué par les deux bateaux transportant honneurs et richesses, nos yeux ne voient plus qu'un vaste pâturage eux aussi. Après tout, le pâturage, c'est quelque chose de comestible, d'utile. Mais les fleurs sont si belles et mystérieuses ; elles ouvrent l'âme et l'esprit. Malheureusement, dans notre vie quotidienne, nous voyons trop de pâturages, et trop peu de fleurs.

Cela nous renvoie une fois de plus au Tao prôné par Tchouang-tseu. Cherchons la vérité du Tao parmi les objets les plus vils, dans le plus vil d'entre eux. Tout est dans l'attitude : nous devons partir à sa recherche le cœur humble.

Dans la religion bouddhiste, lorsqu'un homme embrasse la vie de moine, il enfile des sandales spéciales. Les six trous d'aération que comportent toujours les sandales de moine sont riches de signification.

Ces sandales sont là pour rappeler à tout instant au moine une vérité première, celle des six racines qu'il faut arriver à arracher : avidité, colère, ignorance, rancune, doute, indolence. Ce n'est qu'en ayant dompté ces poisons que le cœur deviendra pur, sans prise.

Mais pourquoi donc ces vérités premières nous apparaissent-elles par le biais d'une paire de sandales ? Parce que, pour les bouddhistes, ce n'est qu'en baissant la tête que l'homme réussit à entrevoir cette vérité. S'il ne le fait pas, il ne pourra rien voir.

L'horizon où le voyage se fait sans contrainte est un horizon qui nous appelle à promener notre regard dans le vaste ciel. Il nous dit que le Tao est partout. Il nous dit que le Tao se trouve même dans la fiente. Il nous invite à toujours passer par notre cœur pour observer, interroger, réfléchir.

Celui qui veut s'approcher de l'authentique, de la suprême vérité du Tao doit se bâtir un vaste horizon mais aussi rester les deux pieds fermement plantés dans les réalités de ce monde.

La tradition Zen rapporte qu'un jour où le bouddha Shākyamuni, une fleur à la main, dispensait un enseignement sans parole parmi tous ses disciples, seul Mahakashyapa s'était mis à sourire. Ce très léger sourire signifiait que son cœur avait entièrement saisi la pensée du Bouddha, sans même que celui-ci ait eu à prononcer un seul mot.

Émettons deux hypothèses. Si pendant cette même séance silencieuse personne n'avait souri, on peut dire que l'enseignement du Bouddha serait resté lettre morte. Mais si inversement tous s'étaient mis à sourire, là aussi, son enseignement serait resté lettre morte. Or, aucun de ces cas n'est vraisemblable.

En effet, la vérité première du monde est subtile et doit toucher le cœur des hommes. Ceux-ci en auront une compréhension qui se situera sur une échelle allant du plus profond au plus superficiel, du plus proche au plus lointain. Cette compréhension variera d'un individu à l'autre en fonction du fonctionnement de son esprit, de son expérience, de ses valeurs et de ses idéaux.

Le monde dans lequel nous vivons ne pourra jamais se résumer à quelques formules passe-partout. L'authentique vérité ne se présentera jamais sous la forme d'une équation à solution unique telle que 1 + 1 = 2. Tout le monde peut comprendre cela.

Lorsque le Bouddha dispense son enseignement une fleur à la main, seul Mahakashyapa sourit. Lorsque Tchouang-tseu voyage sans contrainte, combien de cœurs s'ouvrent véritablement à la liberté que procure l'immensité du Ciel ? Combien sont-ils, ceux qui parviennent à vagabonder entre Ciel et Terre à l'instar de Tchouang-tseu ? Tout cela est de notre ressort, nous ne pouvons pas encore et toujours questionner Tchouang-tseu pour obtenir les réponses qui sont en nous et nulle part ailleurs.

Zhang Xiaoxiang (1132-1169), qui vécut sous les Song du Sud, nous a laissé le vers suivant : « Et comme une évidence le cœur a saisi ce merveilleux difficilement exprimable. » Oui : lorsque nous lisons le *Tchouang-tseu*, chacun d'entre nous peut sentir s'épanouir un sourire sur son visage tout en tenant une fleur à la main. Lorsque lentement nous refermons la page et qu'à son tour notre cœur comprend, la valeur de Tchouang-tseu se révèle pleinement à nous. Car il offre une paire d'ailes extraordinaire aux existences a priori les plus banales.

4.

Se connaître soi-même

Chacun souhaite ardemment réussir sa vie, connaître le bonheur. Mais seul celui qui se connaîtra au plus profond de lui-même saura peut-être y parvenir. Or, bien se connaître est une chose très difficile.

Se connaître soi-même.

De toute éternité, la question a préoccupé l'humanité. Ainsi l'énigme posée par le sphinx de la mythologie grecque est-elle extrêmement représentative parmi tous les mythes, contes et légendes d'Europe.

À chaque voyageur qui croisait son chemin, le Sphinx posait la même question : « Quel est cet animal qui a quatre pattes le matin, deux pattes le midi et trois pattes le soir ? » Jamais les voyageurs ne donnaient la bonne réponse et ils devaient ainsi périr, dévorés par le Sphinx.

C'est finalement le jeune Œdipe qui trouva la réponse : « Cet animal n'est autre que l'homme. » Le Sphinx poussa un hurlement puis se jeta du haut de la falaise.

Que nous raconte cette histoire ? Que ce qui est le plus proche de nous est aussi souvent le plus difficile à reconnaître.

Tout au long de notre vie, nous ne cessons d'accumuler connaissances et expériences, mais toujours il nous est très difficile de voir clair en nous-mêmes.

En effet, notre vie traverse diverses étapes. Dans les premières années de sa vie, l'homme avance à quatre pattes. Ensuite il réussit à se tenir debout, puis à marcher, puis à courir. À partir de là, fasciné par tout ce qui l'entoure, il se met à vouloir accumuler, construire, et c'est aussi à partir de là qu'il commence à se sentir désorienté, séparé de lui-même. Arrivé au soir de sa vie, tout ce qu'il a accumulé de richesses, de renom et d'émotions lui encombre le cœur. Le poids des années se fait plus lourd, et il a alors besoin de s'appuyer sur son bâton de vieillesse : voilà ses trois pattes.

Parmi toutes ces étapes, laquelle nous aura rendus le plus heureux ? Laquelle aura été au plus près de nous-mêmes ? Laquelle ne nous aura laissé aucun regret, nous aura permis de ressentir douceur et abondance ? Ce questionnement, tant l'Orient que l'Occident n'ont cessé de le relancer, chacun à sa façon.

Mêlant réalité et rêve, le *Tchouang-tseu* tente lui aussi d'y répondre. Dans le chapitre II, « La réduction ontologique », Tchouang-tseu raconte comment un jour il rêva qu'il était un grand et beau papillon virevoltant gracieusement de-ci de-là et ignorant qu'il était Tchouang-tseu. Or, à son réveil, il fut tout étonné de constater que cet homme qui dormait là était lui aussi Tchouang-tseu : finalement, avait-il rêvé qu'il était un papillon, ou était-ce le papillon qui avait rêvé qu'il était Tchouang-tseu ? Voilà qui n'était pas clair.

Souvent nous partons de nos propres critères pour définir les objets et les êtres qui nous entourent, sans savoir que la nature est régie par de nombreuses règles dont nous ignorons tout.

Ce que nous explique Tchouang-tseu, toujours dans le chapitre II, « La réduction ontologique », c'est que si nous nous endormons dans un endroit sombre, humide et froid, au réveil nous ressentirons au mieux une légère douleur au niveau des reins et au pire de profondes courbatures. Mais, selon vous, que ressent l'anguille d'eau douce qui, elle, vit dans un tel environnement ?

Tchouang-tseu poursuit : l'homme mange de la viande, la biche se nourrit d'herbe, le mille-pattes se délecte des petits vers de terre, la chouette et le corbeau adorent les souris. De ces quatre goûts, lequel est préférable ? Lequel est acceptable et lequel ne l'est pas ? Difficile à dire, n'est-ce pas ?

Tchouang-tseu insiste encore : Mao Qiang et Li Ji sont des beautés adulées de tous. Pourtant à leur approche, le poisson plonge dans les profondeurs, l'oiseau s'envole à tire-d'aile, le cerf détale à toute vitesse. Parmi les cinq, qui détient la définition de la beauté idéale ?

Voilà ce à quoi veut en venir Tchouang-tseu : chacun appréhende les choses de ce monde encore et toujours avec son regard à lui, avec son code à lui, bien secret, un code qui demeure à jamais indéchiffrable aux yeux de ceux qui ne le connaissent pas.

Ce que nous dit aussi Tchouang-tseu, c'est que l'homme éprouve toutes les difficultés du monde à connaître les véritables aspirations de son cœur. La question la plus inextricable demeure pour lui : qui suis-je, et quelle vie me permettra de réaliser mes aspirations les plus profondes ?

Ce n'est qu'en pénétrant les mystères de notre âme que nous trouverons notre véritable ancrage dans ce monde, et en retour pourrons traiter autrui avec bienveillance.

Parmi les dix mille êtres de la Terre, pas un ne ressemble à l'autre, et chacun interprétera ce qu'il voit en fonction de l'angle de vue qu'il aura adopté. Lorsque nous restons ancrés dans nos habitudes sans déplacer notre angle de vue, nous tirons des conclusions qui souvent n'ont pas lieu d'être. Il s'agit là du premier obstacle à la connaissance exacte de nous-mêmes.
Les anecdotes de Tchouang-tseu nous le disent : chacun en ce monde suit sa propre nature et il serait erroné de vouloir, par pure conviction, imposer ses schémas de pensée à autrui.

Qui ne se connaît pas soi-même ne saurait connaître les autres. L'enfer n'est-il pas pavé de bonnes intentions ? On peut parfois faire le mal sans l'avoir voulu, pour simplement avoir voulu imposer ses schémas à autrui.

Dans le chapitre XVIII, « Joie suprême », Tchouang-tseu place l'histoire suivante dans la bouche de Confucius :

Un jour, un oiseau de mer vint se poser aux abords de la capitale du pays de Lu. Enchanté de cette nouvelle, le prince de Lu alla respectueusement quérir l'oiseau pour l'installer dans le temple de ses ancêtres. Là, il lui fit donner la plus belle des fêtes, faisant jouer les neuf chants solennels en l'honneur du successeur, hérités des empereurs Yao et Shun. Il lui offrit les vins les plus fins, les viandes les plus délicates.

Et l'oiseau de mer ? Le regard sombre et l'air abattu, il ne toucha ni aux viandes ni aux vins. Mélancolique et triste, trois jours plus tard il était mort.

Et Confucius de conclure : voilà qui s'appelle « nourrir un oiseau comme on se nourrirait soi-même, et non nourrir un oiseau comme on nourrirait un oiseau ». C'est que le suzerain avait traité son hôte ainsi qu'il se serait traité lui-même, sans jamais tenir compte de l'existence potentielle d'attentes et d'habitudes autres.

Notre vie quotidienne n'est-elle pas souvent le théâtre de telles situations ? Sans même parler de nos amis ou des gens en général, n'est-ce pas ce que font beaucoup de parents avec leurs propres enfants ? L'éducation qu'ils entendent donner n'est-elle pas tissée des mêmes a priori ?

Traditionnellement en Chine, l'enfant était dès la naissance enveloppé très serré dans une petite couverture ouatée car l'on pensait qu'ainsi il aurait plus tard des jambes droites ; de plus, emmailloté de la sorte, il ne pourrait ni s'égratigner le visage ni se mordiller les doigts.

Or, les recherches en pédiatrie ont démontré que les mains sont pour l'enfant tel un second cerveau : si on restreint les mouvements de ses mains, le bébé ne pourra certes pas se toucher le visage ou se mordiller les doigts, mais dans le même temps ses nerfs sensitifs ne pourront d'emblée fonctionner normalement, ce qui est néfaste pour son développement. Voilà pourquoi les hôpitaux et les cliniques préconisent dorénavant aux jeunes parents de ne surtout pas restreindre les mouvements de leur nourrisson, ce qui demande bien évidemment en échange de redoubler d'attention pour qu'il ne se blesse pas.

On n'emmaillote plus les enfants aujourd'hui en Chine. Mais, à bien y réfléchir, ne continue-t-on pas à les emmailloter psychologiquement toute leur vie ?

Tous, nous exigeons d'eux qu'ils se conforment à nos normes d'adultes. Qu'on en juge : si tu veux plus tard sortir du lot, réussir dans la vie, il faut te mettre au piano à trois ans, t'initier aux beaux-arts dès quatre ans, et apprendre la danse classique à partir de cinq ans. Si au moment d'entrer à l'école primaire tu n'as pas déjà commencé tout ça, comment pourras-tu faire le poids face à tes petits camarades ? Et quand tu y seras, à l'école primaire, tu auras tout intérêt à te préparer pour les olympiades de mathématiques junior. Etc. Voilà le parcours auquel tu dois te plier si tu espères rejoindre un jour les traces de tes parents qui, eux, ont su trouver leurs marques dans la société, et alors tu pourras envisager de faire des études supérieures.

Nous imposons à nos enfants les règles et les façons de faire des adultes. Nous ne leur permettons pas de vivre les années de joie et d'insouciance auxquelles ils ont droit ; bien au contraire, nous les en privons au nom de nos critères d'adultes. Cela ne revient-il pas à présenter les vins les plus fins, les viandes les plus délicates à l'oiseau de mer ?

L'enfer peut parfois être pavé de bonnes intentions, et le chapitre VII, « L'idéal de l'empereur et du roi », nous en apporte la démonstration :

L'empereur de la mer du Sud s'appelait Illico et

l'empereur de la mer du Nord Presto. La mer du Sud et la mer du Nord se trouvaient aux antipodes l'une de l'autre, et lorsque les deux empereurs voulaient se rencontrer, ils le faisaient à mi-chemin : chez leur ami Chaos.

La légende raconte que Chaos se présentait sous la forme d'une grosse boule de chair ignorant tout de la civilisation. Chaos était néanmoins un hôte exemplaire. Illico et Presto se sentaient donc d'autant plus affligés par sa situation. Pensez donc : il n'avait ni yeux, ni oreilles, ni narines, ni bouche, il ne connaissait pas les plaisirs accessibles à tous ! Soucieux de le remercier pour son hospitalité, les deux empereurs eurent une idée : « Tous les hommes ont sept trous, pour manger, boire, écouter, regarder. La joie et la tristesse, la beauté des sons et des couleurs : ils connaissent tout cela. Mais pas Chaos. Que faire ? Perçons-lui ces trous ! »

Chaque jour ils lui en percèrent un : sept trous, sept jours. Que pensez-vous qu'il advint ? Au bout de sept jours, Chaos était mort.

En se faisant percer sept trous, Chaos avait perdu sa vraie nature. C'était à travers son chaos originel qu'il appréhendait le monde, et c'était uniquement ainsi qu'il pouvait vivre. Ces sept trous l'avaient éloigné de sa véritable nature, celle qui lui permettait de vivre.

Ne s'agit-il là vraiment que d'une fable ?

Toute notre éducation a consisté à nous sociabiliser chaque jour un peu davantage, et la société a percé en nous un trou après l'autre. Nous sommes devenus des adultes répondant aux normes de la société, mais quelle est la distance qui nous sépare de notre chaos originel, de notre innocence originelle ?

Pensez-vous vraiment que cette fable n'a rien à voir avec nous ? N'est-ce qu'une énième histoire du temps jadis ? Non, cette fable est on ne peut plus d'actualité pour nombre d'entre nous.

Cela me rappelle cette autre histoire que j'ai lue un jour : il était une fois un jeune faucon qui avait grandi dans une basse-cour, entouré de poules, de coqs et de poussins. Toujours il avait pensé qu'il était un poussin, rien d'autre. Un jour son propriétaire voulut le faire voler. Mais il eut beau user tant de la carotte que du bâton, rien n'y fit : le faucon ne prit jamais son envol. Tout simplement parce qu'il s'était défini une fois pour toutes en tant que volatile ne sachant pas voler.

Très déçu, le propriétaire finit par décréter : « J'ai élevé un faucon pour rien, je n'ai plus qu'à le jeter. » Sur ces mots, il emporta le jeune faucon jusqu'à la falaise, d'où il le précipita dans le vide.

Ainsi lâché, le jeune faucon sentit ses ailes frémir et prit son envol juste avant de toucher le sol.

Que s'était-il donc passé ? Dans sa chute vertigineuse, la véritable nature du faucon s'était tout simplement rappelée à lui, lui avait été restituée, et il avait immédiatement su comment utiliser ses ailes.

Nombre d'entre nous ont vu leur potentiel freiné par leur éducation. Ainsi de celui qui n'a jamais pu exercer un métier lui correspondant, un métier pouvant le motiver véritablement. Si dans sa profession on n'a jamais éprouvé cette stimulation source de plaisir, cette joie de se sentir progresser, c'est que certaines aptitudes sont demeurées enfouies.

Il en va de même de l'amour : lorsqu'on n'a jamais

rencontré la bonne personne, la véritable force que procure l'amour demeure enfouie, et ce même si on a fondé une famille, si on a eu des enfants, si on vit une vie normale aux yeux des autres. Car cette vie-là n'aura jamais connu la flamme du véritable amour.

Nous devons vraiment y penser encore et encore, ne cesser de nous interroger : combien de fois suis-je passé à côté de moi-même dans cette vie ? Cette occasion de m'épanouir s'est-elle vraiment présentée à moi ? Où aller la chercher ?

Dans le chapitre IV, « Le monde des hommes », Tchouang-tseu nous propose une force susceptible de nous aider à nous connaître nous-mêmes : l'« abstinence du cœur ». L'objectif en est l'introspection, afin de voir qui l'on est réellement.

Une fois de plus, Tchouang-tseu fait parler Confucius. Un jour, son disciple Yan Hui dit à Confucius : « J'ai envie de me rendre utile, voilà pourquoi je voudrais aller au pays de Wei afin de faire cesser le comportement brutal de son prince. » Prenant un air détaché, son Maître lui répondit : « Surtout n'y allez pas. Si vous y allez et que vous rencontrez cet être brutal, vous ne saurez pas bien le conseiller et il vous tuera.

— Mais je voudrais vraiment faire acte utile, repartit Yan Hui.

— Vous agissez de manière encore trop précipitée, lui répondit son Maître. Vous n'avez pas encore été au fond de vous-même. Si vous vous mettez en tête de faire acte utile, vous n'aboutirez à rien. Pratiquez d'abord l'abstinence. »

Yan Hui insista : « Notre famille est pauvre, et cela fait déjà plusieurs mois que nous n'avons plus bu de vin ni mangé de viande. Je mène déjà une vie plus que frugale, ne connaîtrais-je donc pas déjà l'abstinence ?

— Vous parlez là de l'abstinence préparant aux sacrifices, et non de l'abstinence du cœur.

— Qu'appelle-t'on alors l'abstinence du cœur ?

— En ce monde vous ne devez pas écouter uniquement avec vos oreilles, mais aussi avec votre cœur, et encore plus avec votre souffle, le *qi*. Tout votre ressenti doit passer par le souffle puis remonter jusqu'au cœur, lequel vous apportera ou non sa confirmation. Voilà ce qu'est l'abstinence du cœur. »

Cette histoire, Tchouang-tseu l'a inventée de toutes pièces. Mais il a tenu à nous la transmettre : par ce dialogue, il voulait nous enseigner une façon de mieux nous connaître.

Nos yeux disposent d'une double faculté : celle de découvrir l'extérieur mais aussi de regarder vers l'intérieur. Dirigeant notre regard vers l'extérieur, nous pouvons découvrir l'infinie étendue de ce monde ; dirigeant notre regard vers l'intérieur, nous pouvons découvrir l'infinie profondeur de notre cœur.

Autant le monde extérieur est vaste, autant notre cœur est profond. L'un et l'autre ne sauraient se faire de l'ombre. Et pourtant, toujours nous sommes tournés vers le monde extérieur sans jamais songer à explorer les aspirations tapies en nos cœurs.

Trop souvent l'organisation de notre vie nous échappe, prise en main par d'autres : l'école pendant l'enfance et l'adolescence, puis la carrière à l'âge adulte, concomitante à la création d'un foyer. Tout semble avoir été programmé. Nous n'avons pas pu suivre nos propres aspirations, pas pu nous lancer dans l'aventure et essuyer les éventuels échecs qui nous permettraient pourtant d'affirmer nos véritables aspirations.

Voici une autre histoire :

Il était une fois un homme fort réputé pour ses talents de pêcheur. Il excellait tellement que tous l'avaient surnommé le roi de la pêche. Cet homme avait trois fils qui, depuis leur plus tendre enfance, l'accompagnaient dans son travail. Pourtant ils n'étaient pas devenus des pêcheurs exceptionnels et étaient donc loin d'égaler leur père. Le roi de la pêche s'en désolait amèrement.

Un sage vint à passer qui lui demanda : « Quand vos fils ont-ils commencé à vous accompagner à la pêche ?

— Ils ont grandi sur le bateau et jamais ne l'ont quitté, répondit le roi de la pêche.

— Et ils ont tous appris la pêche avec vous ?

— Je leur ai tout appris en les encadrant toujours de très près pour qu'il ne leur arrive aucune mésaventure. J'ai transmis tout mon savoir-faire et tous mes trucs à chacun d'entre eux.

— Comment vos fils partent-ils pêcher ?

— Ils viennent bien évidemment avec moi sur mon bateau. Je garde ainsi un œil sur eux et il ne leur arrive aucune mésaventure. Je leur montre les signes qui laissent présager l'arrivée d'un gros poisson, et aussi comment remonter le filet pour qu'il soit le plus chargé possible. »

Après avoir posé ces trois questions, le sage dit

au roi de la pêche : « Le malheur de vos trois fils, c'est que vous organisez toujours tout à leur place. Ils ont bénéficié de votre expérience, mais n'ont pas pu se forger la leur. Jamais ils ne vous ont quitté, ne sont allés se frotter à la réalité, n'ont rencontré de difficultés ; ils n'ont donc jamais pu se construire leur propre parcours. À leurs yeux, toute cette expérience que vous avez accumulée au fil des années n'est rien d'autre qu'un banal dogme. »

Cette histoire ne vous rappelle vraiment rien ? Bénéficier de l'expérience d'autrui est certes une bonne chose, mais est-ce suffisant ?

Nous pensons souvent qu'il faut suivre un chemin déjà tout tracé dans la vie. Or, rien de tel que les détours, pourrait-on rétorquer. En effet, si vous n'aviez pas suivi ce chemin-là, comment en seriez-vous arrivé au point où vous en êtes aujourd'hui ? Si vous en êtes arrivé là où vous êtes aujourd'hui, c'est aussi grâce à tous ces détours, non ?

Chaque partie de la vie doit être arpentée au rythme de chacun, et ce parcours doit permettre à chacun de faire connaissance avec lui-même et d'affirmer ses choix.

Toujours être dans l'observation de soi-même : voilà une autre condition importante de la connaissance de soi. Mais bien se connaître appelle à une prise de conscience de soi. Comment arriver à cette prise de conscience ? Et comment se prémunir du jugement extérieur et réussir à déterminer ses capacités réelles ?

Tchouang-tseu n'a jamais cessé de s'observer, de procéder à cet auto-examen qui permet de rester lucide vis-à-vis de soi. Il a toujours cherché à conserver une approche lucide à l'égard de son existence, tant d'un point de vue physique que spirituel.

Non contents de s'intéresser à notre enveloppe corporelle, nos deux yeux doivent également toujours être tournés vers notre âme.

Et ça, personne ne pourra le faire à notre place. Il y aura toujours des gens pour nous rappeler nos succès et nos échecs, émettre un avis sur nos faits et gestes, et trop souvent nous acceptons de les écouter, sans discernement aucun. Mais nous y perdons le chemin qui mène jusqu'à notre cœur.

Lorsque vous décidez d'orienter vos deux yeux vers votre âme, soucieux de toujours être au plus près de vous-même, vous demeurez indifférent aux faveurs et aux humiliations et vous vous accrochez à vos véritables aspirations.

Au chapitre III du *Tchouang-tseu*, « Principe d'hygiène », se trouve une histoire que tous les Chinois connaissent : celle du cuisinier Ding dépeçant un bœuf. Imaginez un instant que ce bœuf représente votre vie ; pensez-vous que vous parviendriez vraiment à la dépecer aujourd'hui ?

Comment le cuisinier Ding opère-t-il pour dépecer un bœuf ? Ses bras virevoltent, ses épaules prennent appui, ses pieds s'arc-boutent, ses genoux s'immobilisent : la chorégraphie est prête, comme calquée sur la musique de la forêt des Mûriers, et le rythme et le son accompagnant le dépeçage du bœuf rappellent aussi en tout point l'hymne de la Tête de lynx. La lame passe et repasse, et en moins de temps qu'il n'en faut pour le dire les parties du bœuf se séparent avec un bruissement léger, comme de la terre qu'on déposerait sur le sol. Il ne reste plus qu'un squelette nettoyé à la perfection dont toute la viande a été retirée.

Quel spectacle ! Quelle magnifique performance !

Époustouflé par ce qu'il a vu, le prince Wen Hui demande des explications au cuisinier Ding, qui lui dit : « Lorsque j'ai commencé à exercer, je ne voyais que le bœuf dans son entier, une masse d'un seul tenant, indistincte. Or, je m'intéresse avant tout au Tao, l'habileté technique demeure secondaire. J'ai donc décidé d'agir en accord avec le Tao, et non plus en m'appuyant simplement sur ma technique. Après trois années d'exercice, je ne voyais plus le bœuf. Dorénavant, je ne cherche plus à le voir avec mes yeux : c'est mon esprit qui le voit. Sous l'épaisseur de la peau et la finesse des poils, je devine parfaitement la conformation de l'ossature, l'orientation des muscles, l'emplacement des articulations. Ma lame peut alors pénétrer la chair avec précision et louvoyer entre les os. Je peux dépecer le bœuf dans le respect de sa structure naturelle, sans même devoir forcer. Agissant ainsi, je suis devenu expert et je joue de ma lame avec dextérité.

» Il y a cuisinier et cuisinier. Un bon cuisinier usera un couteau par an parce qu'il ne taille que dans la chair. Mais un cuisinier ordinaire en usera un par mois parce qu'il s'en sert pour s'attaquer aux os. Moi-même, je travaille avec le même couteau depuis dix-neuf ans déjà et il est comme neuf. Comment cela se fait-il ? »

Le cuisinier Ding fournit alors cette subtile

explication : « La lame est très acérée et très mince, et les os sont séparés par des interstices. En pénétrant dans les interstices avec une lame très fine, comment pourrais-je l'user ? Voilà pourquoi mon couteau est encore comme neuf après dix-neuf ans de bons et loyaux services. »

Replaçons cette histoire dans le contexte actuel. Rien ne nous force à nous attaquer aux os, à nous imposer un quelconque fardeau bien inutile. Rien ne nous force à soupirer à longueur de journée et à afficher un air pathétique, car agissant ainsi nous ne faisons que nous éloigner dangereusement de nos vraies valeurs.

Si nous étions tous capables de devenir des cuisiniers Ding, si en notre âme nous portions tous une lame éternellement acérée, si nous parvenions à canaliser la trajectoire de notre existence perdue dans l'immensité de l'Univers pour qu'elle ne forme plus qu'un unique bœuf, si nous étions capables d'apercevoir les interstices à l'intérieur de l'ossature pour l'arranger et la nettoyer à la perfection, alors oui : nous mènerions une vie d'une grande qualité.

Voici ce que Tchouang-tseu nous enseigne : lorsque l'horizon en notre cœur est vaste, nous sommes à même de transcender actes et paroles pour discerner la véritable nature de notre cœur. Autrement dit, les véritables qualités qui se trouvent en notre cœur, celles que, dans son chapitre II, « La réduction ontologique », Tchouang-tseu nomme le grand Tao, le grand raisonnement, la grande bienveillance, la grande intégrité et le grand courage, toutes sont retenues en notre cœur, elles ne sauraient se manifester à l'extérieur.

En notre cœur se trouve un espace assez grand pour accueillir les dix mille êtres de la Terre. Cet espace, Tchouang-tseu en parle aussi au chapitre II : c'est le trésor des dix mille êtres de la Terre, le trésor du Ciel.

Le trésor du Ciel a une contenance infinie. On y verserait indéfiniment de l'eau qu'il ne déborderait jamais : on y puiserait indéfiniment de l'eau qu'on n'arriverait jamais à le mettre à sec. On ne sait tout simplement pas où se trouve sa source. C'est ce que Tchouang-tseu appelle « cacher la lumière ».

Qu'entend-il par là ? De quoi parle-t-il ? Il s'agit d'une lumière extrêmement vive qui demeure au fond du cœur, dissimulée. Mais c'est uniquement lorsque l'horizon à l'intérieur de notre cœur est vaste que nous pouvons la détenir. Intarissable, elle éclaire les dix mille êtres sans jamais faiblir.

Commencer par se connaître soi-même, puis s'écouter, puis atteindre la maîtrise de soi et entretenir son être : quel merveilleux cheminement dans la vie.

Chacun d'entre nous possède son trésor du Ciel, chacun détient une lumière cachée. Quand on en devient conscient, on n'éprouve plus le besoin de s'évaluer à l'aune des actes du quotidien.

Dans la haute Antiquité chinoise vivait un médecin légendaire du nom de Bian Que, nom qui deviendra par la suite une antonomase pour désigner un médecin exceptionnel.

Bian Que se rendit un jour auprès du roi de Wei. Le roi de Wei lui déclara : « J'ai entendu dire que vous étiez trois frères, et tous trois d'excellents médecins. Dis-moi, de vous trois, lequel est le plus remarquable ? »

Bian Que répondit sans détour : « C'est mon frère aîné. Vient ensuite le cadet, et moi en dernier. »

Très surpris, le roi de Wei repartit : « Mais alors, pourquoi est-ce toi qui es devenu célèbre tandis que tes frères restent dans l'ombre ? »

Bian Que répondit : « Parce que mon frère aîné parvient toujours à tuer le mal dans l'œuf. Il décèle le mal en l'absence des tout premiers symptômes et agit à partir de là pour le faire disparaître à jamais, lui et sa cause. Le malade recouvre la santé sans que le mal n'ait jamais été apparent. Voilà pourquoi personne ne peut s'imaginer qu'il ait été malade.

» Mon frère cadet intervient à l'apparition des premiers symptômes et élimine le mal avec des médicaments. Voilà pourquoi les gens pensent qu'il ne sait guérir le mal que lorsque celui-ci est petit. Or, ils ignorent que ce mal qu'il guérit pourrait prendre une ampleur telle que la personne qui en souffre y laisserait probablement la vie.

» Je n'ai pas l'expertise de mes deux frères car je ne sais intervenir qu'au moment où le malade est à l'article de la mort. Souvent alors je le remets sur le chemin de la vie. Voilà pourquoi ma renommée a traversé les frontières. »

Ainsi donc, l'un exerce la médecine en tuant le mal dans l'œuf ; il demeure donc inconnu de tous. L'autre est capable d'éliminer le mal dès l'apparition des premiers symptômes, et les gens en déduisent qu'il ne sait guérir le mal que lorsqu'il est petit ; sa

Yang Changhuai

Yang Yan

de la vie, et respecter la nature d'autrui pour lui permettre de s'épanouir.

Si, inscrits dans le moment présent, nous lisons le foisonnement d'histoires que Tchouang-tseu nous propose pour en explorer toutes les significations, nous aurons ces deux yeux orientés vers notre âme, cette lame acérée du cuisinier Ding. Nous saurons discerner le vrai du faux en ce monde et nous saurons comment nous façonner une existence à notre mesure.

5.

On peut toujours se frayer une voie

Les obstacles se succèdent sur le chemin de la vie. Dans ses petites fables, Tchouang-tseu met en scène de nombreux personnages ; il n'est pas rare qu'il insiste sur leur laideur ou leur difformité, et c'est sans doute une manière de mieux nous expliquer comment, quelles que soient les difficultés rencontrées dans une vie, chacun peut toujours trouver sa voie.

Le Tchouang-tseu *est peuplé de personnages* aux morphologies les plus diverses, notamment des personnages souffrant d'un handicap ou ayant subi une peine corporelle. Leur morphologie n'est certes pas celle de la norme. Cela ne les empêche pourtant pas de se révéler des êtres exceptionnels du fait de leurs aspirations ou de leurs idéaux, ou parce qu'ils mènent une vie remplie de joie ou de réussites.

Dans le chapitre IV, « Le monde des hommes », Tchouang-tseu nous raconte l'histoire de Zhili Shu.

Son nom en soi est déjà insolite : imaginez quelqu'un s'appelant « Disloqué-Éparpillé » ou encore « Dépareillé-Dispersé ». À quoi pouvait-il donc bien ressembler avec un nom pareil ?

Ses épaules étaient plus hautes que sa tête, son menton descendait jusqu'à son nombril, ses vertèbres ramassées pointaient vers le ciel, ses cinq viscères se trouvaient en haut de son corps, ses jambes partaient de ses côtes. Et comme si cela ne suffisait pas, il était voûté. On peut penser que ce Zhili Shu était non seulement hideux mais aussi peut-être bien féroce, tant sa description s'apparente à celle d'un monstre.

Comment Zhili Shu subvenait-il à ses besoins ? D'après Tchouang-tseu, il était blanchisseur et il se proposait également pour des travaux de couture : tout cela lui permettait de vivre décemment. Comme il lui restait encore suffisamment d'énergie, il l'employait par ailleurs à tamiser les céréales et vanner le riz pour le compte d'autrui : cette activité lui permettait de nourrir l'équivalent d'une dizaine de bouches.

Quelle conclusion en avait tirée Tchouang-tseu ? Que si Zhili Shu n'avait pas été favorisé par la nature, il avait pourtant réussi à vivre du fruit de son travail et à profiter en paix des jours qui lui avaient été accordés sur cette terre.

En Chine existe un genre littéraire très prisé : le roman de cape et d'épée qui met en scène les aventures de chevaliers errants campées dans la Chine des temps anciens. Souvent ces romans s'inscrivent dans des séries, et l'histoire de Zhili Shu rappelle justement l'une d'entre elles, née sous la plume de Wen Ruian : *Sida Mingpu*, que l'on pourrait par exemple traduire par « les quatre grands justiciers ». Les aficionados du genre connaissent tous le plus grand de ces quatre justiciers : Wu Qing, l'impitoyable.

Wu Qing était né dans une famille respectable de Wulin, « la forêt des armes » ; il était issu de la noblesse d'épée, en quelque sorte. Wulin, c'est aussi Jianghu, « fleuves et lacs », théâtre fictif de nombre d'histoires de cape et d'épée, territoire marginalisé où se retrouvent des personnages aux vies singulières, monde de sociétés secrètes et de triades. Victime d'une vendetta, la famille de Wu Qing fut entièrement massacrée. Certes, l'ennemi laissa la vie sauve au nourrisson, mais il l'emporta avec lui, en tant qu'unique survivant d'une famille de gens d'armes ; il fallait s'assurer que jamais il ne lui prendrait l'envie de venger ses parents. Voilà pourquoi, cruel et impitoyable, l'ennemi décida de lui sectionner les tendons des pieds, le privant ainsi à jamais de toute possibilité de combattre. L'ennemi lui avait préparé une vie pire que la mort : Wu Qing serait désormais paralysé avant même d'avoir jamais appris à marcher.

C'est ainsi qu'il grandit, sans même avoir la force nécessaire pour attacher un poulet, l'archétype du lettré chétif à l'extrême. Il était handicapé. Et pourtant, des quatre célèbres justiciers, Wu Qing est le plus grand. Ses faits d'armes et sa force intérieure sont exceptionnels. Où résidait donc sa force ? Dans son sourire : chaque fois qu'il souriait, de sa bouche il tirait une flèche d'acier qui, implacable, tuait l'ennemi sur-le-champ. Il avait beau être physiquement défavorisé depuis quasiment la naissance, il détenait une puissance intérieure inégalable.

Cette histoire n'est-elle pas un prolongement tout indiqué de celle de Zhili Shu ? Et ne pourrait-on envisager des histoires équivalentes dans notre société actuelle ?

Le chapitre V, « La vertu surabondante et authentique », raconte l'histoire d'un homme fort laid s'appelant Aitai Tuo, une fois de plus un nom improbable et qui pourrait par exemple être traduit par « Trois fois hélas ! – Vieux canasson – l'Autre ». Nous l'appellerons Tuo le Hideux.

Le duc Ai de Lu raconta un jour l'histoire suivante à Confucius :

« Au pays de Wei vivait un homme d'une grande laideur. Tous l'appelaient Tuo le Hideux. Bien que laid, cet homme dégageait un charme envoûtant. Les hommes qui passaient quelque temps avec lui étaient marqués par sa hauteur morale et ne pouvaient se résoudre à le quitter. Les femmes qui l'avaient vu ne serait-ce qu'une fois disaient à leurs parents : « Je préfère devenir la concubine de cet homme plutôt que l'épouse d'un autre. » Celles qui parlaient ainsi se comptaient par dizaines et leur nombre ne cessait d'augmenter.

» Cet homme singulier n'avait ni position ni fortune. Jamais il ne tenait de propos exceptionnels, bien au contraire il ne faisait toujours que s'aligner sur ceux d'autrui. Je me dis qu'il devait forcément avoir quelque chose que les autres n'avaient pas, et je le fis venir auprès de moi. Il était effectivement repoussant de laideur. Mais régulièrement, à son contact, je constatais à quel point sa compagnie était agréable. Moins d'un mois plus tard, je lui faisais entièrement confiance. »

Et le duc Ai de Lu de conclure par cette question : « Maître, quel est donc cet homme ? »

Oui : quel était donc cet homme ? Tchouang-tseu ne fait rien d'autre que nous dire qu'en ce monde existent des personnes qui, par leur seule force de caractère, attirent irrésistiblement les gens à eux. La véritable force d'une personne n'est souvent pas le fait d'un talent exceptionnel ou de compétences étalées avec un peu trop de facilité : c'est une force douce et concentrée.

Fu Pei-Jung est l'un des grands spécialistes taïwanais du *Tchouang-tseu*. De ses recherches, il a tiré l'enseignement suivant : celui qui a véritablement compris le *Tchouang-tseu* a compris qu'il y a toujours moyen en ce monde de se frayer un chemin. L'affirmation est sobre, la conclusion n'a rien d'académique ; il s'agit là pourtant d'une conclusion décrivant l'existence elle-même.

À travers ses fables, Tchouang-tseu nous montre que, malgré les obstacles auxquels la vie nous confronte, chacun peut trouver le moyen, non seulement de subvenir à ses besoins, mais aussi de s'épanouir. Pourquoi ? Parce qu'il aura réussi à se frayer dans l'existence une voie qui lui est propre.
Nos sociétés modernes comptent elles aussi des personnes souffrant de handicap. Comment ces personnes se fraient-elles un chemin dans l'existence ? Et quels enseignements pouvons-nous tirer des choix qu'elles opèrent ?

La Chine compte soixante millions de personnes handicapées – handicaps sensoriel, physique et mental confondus. Leur vie est bien entendu jalonnée d'obstacles épargnés aux personnes qui n'en ont aucun. Comment vivre avec ces obstacles ?

Il existe un film documentaire très célèbre en Chine : *Le Monde de Zhouzhou*. Ce reportage parle de la vie de Zhouzhou, jeune homme vivant à Wuhan. Zhouzhou est né avec une déficience intellectuelle, et son âge mental s'est stabilisé à trois ou quatre ans.

Au moment du film, Zhouzhou avait déjà vingt-six ans. Si son âge mental n'avait pas suivi, cela ne l'empêchait cependant pas d'avoir développé son monde à lui, méconnu de tous : un monde magique rempli de musique.

Zhouzhou a un talent de chef d'orchestre. Ce talent, il l'a découvert grâce à son père qui travaille au conservatoire de chant et de danse de Wuhan. Zhouzhou a toujours baigné dans cet environnement, qui n'est certes pas synonyme pour lui d'acquisition de connaissances ou de formation professionnelle mais alimente tout simplement une vocation à laquelle il se consacre corps et âme. La musique le nourrit.

Lorsqu'il était plus jeune et que le conservatoire donnait une symphonie, le chef d'orchestre se trouvait sur le devant de la scène et Zhouzhou dans les coulisses, dirigeant l'orchestre lui aussi, hypnotisé par la musique. Car Zhouzhou est relié à la musique par un accord tacite dépassant tout ce que l'entendement humain est susceptible de concevoir. Par la suite, l'occasion lui fut donnée de développer son talent, puis de diriger un véritable orchestre. Se forgeant progressivement une renommée, il devint célèbre à travers toute la Chine. Il put même sortir des frontières du pays afin de participer à des concours internationaux.

Dans le cas de Zhouzhou, on peut effectivement parler de miracle de la vie. Quoique déficient intellectuel, il a pu orienter sa vie dans le sens de la candeur d'esprit qui l'habitait. Le hasard avait fait se rencontrer celle-ci et la musique, et toutes deux avaient tacitement décidé de s'épauler.

Tous ceux qui regardent le gala de fin d'année de la télévision nationale chinoise se souviendront très certainement de cet éblouissant spectacle : la danse du bodhisattva Guanyin aux mille mains, exécutée par la Troupe artistique des personnes handicapées de Chine. La danseuse Tai Lihua et, rigoureusement alignés derrière elle, tous les danseurs offrirent un spectacle digne, solennel, gracieux, pur ; un spectacle de toute beauté, éblouissant. Tous sourds-muets, ils dégageaient sérénité d'esprit, retenue du cœur, concentration. Comme allant de soi, émanait de leurs visages et de leurs corps un heureux présage. Peu de personnes se seraient montrées capables d'un tel charisme.

Si le Zhili Shu de Tchouang-tseu est une construction de toutes pièces, elle peut néanmoins être extrapolée dans notre contexte actuel. Quelles que soient les situations devant lesquelles l'existence nous place, la possibilité de vivre une vie pleine et entière reste toujours une réalité.

Voici une autre histoire tirée elle aussi du chapitre V, « La vertu surabondante et authentique » :

Au pays de Zheng vivait un homme qui s'appelait Shen Tujia. Il avait subi l'amputation d'un pied et suivait l'enseignement de Bohun Wuren en compagnie de Zi Chan, un haut dignitaire. De par sa position, Zi Chan ressentait un malaise à suivre cet enseignement aux côtés de Shen Tujia. En effet, dans les temps anciens, l'amputation du pied était notamment pratiquée pour punir d'un délit. Shen Tujia avait donc été condamné.

Un jour, Zi Chan dit à Shen Tujia : « Dorénavant, lorsque je sortirai en premier, tu attendras un peu avant de sortir toi aussi ; et lorsque tu sortiras en premier, c'est moi qui attendrai un peu avant de sortir. » Il ne voulait tout simplement pas être vu avec lui.

Shen Tujia ne tint aucun compte des desiderata de Zi Chan. Le lendemain, excédé, Zi Chan renouvela ses exigences, ajoutant : « Tu oses me tenir tête, à moi, un haut dignitaire ! Te considérerais-tu toi-même comme un haut dignitaire ? »

Shen Tujia lui répondit : « Tu serais un haut dignitaire ? J'ai entendu dire que sur un miroir brillant la poussière ne se fixe pas, et que si la poussière s'y fixe le miroir n'est plus brillant. Il en va de même du cœur des hommes. Nous sommes ici pour cultiver la vertu, aidés de notre maître. Mais voilà que tu tiens de tels propos ; ne sens-tu pas à quel point ils sont inappropriés ? »

Irrité, Zi Chan répliqua : « C'est ainsi que tu prends la chose ? Tu ferais bien de te rappeler quel homme tu es vraiment ! »

Shen Tujia lui dit : « Comment est-il possible qu'un haut dignitaire tel que toi ait pu franchir le seuil de notre maître ? Beaucoup de gens se moquent de moi, cet estropié, et avant de connaître notre maître j'en étais vraiment blessé, plein de ressentiment. Mais, grâce à notre maître, mon ressentiment s'est envolé. Cela fait dix-neuf ans que je me rends chez lui pour y suivre son enseignement, et jamais il ne m'a renvoyé à mon infirmité. Tu me juges à l'aune de mon corps, et non selon des critères moraux : toi, le haut dignitaire, n'as-tu pas honte de ton comportement ? »

Alors Zi Chan ressentit de la honte, cette honte de l'homme non handicapé face à l'homme handicapé, née de l'imperfection de son cœur. Il avait compris que la réussite d'un homme ne tenait ni à son état physique ni à son statut social, mais à la conscience qu'il avait des efforts à fournir et de sa véritable place en ce monde.

Autre histoire tirée du chapitre V, « La vertu surabondante et authentique » :

Il était une fois un homme qui s'appelait Shushan Sans Orteils : Sans Orteils, car lui aussi avait été amputé en punition d'un délit commis dans sa jeunesse. Un jour, marchant sur ses talons, Shushan Sans Orteils se rendit chez Confucius afin de pouvoir bénéficier de son enseignement. Au moment où Shushan Sans Orteils se présenta à Confucius, celui-ci était avec ses élèves. Le maître lui tint les propos suivants : « Quand vous étiez jeune, vous n'avez pas voulu adopter un comportement prudent. Vous avez commis un délit aux conséquences désastreuses, d'où votre situation actuelle. Maintenant vous voudriez suivre mon enseignement. Mais ne pensez-vous pas qu'il est déjà trop tard ? » Serein, Shushan Sans Orteils lui répondit : « Si mon corps a été mutilé, c'est à la suite d'une erreur de jeunesse. Mais à présent je le sais : il y a bien plus respectable, bien plus important dans la vie, voilà pourquoi je viens ici aujourd'hui pour bénéficier de votre enseignement. Le Ciel protège tout ; la Terre soutient tout. Je vous considère comme le Ciel et la Terre réunis. Qui aurait pu penser que vous me réserveriez un tel accueil ? »

Confus, Confucius répondit : « J'ai fait preuve de médiocrité. Entrez et faites part à mes élèves de votre enseignement ! »

Mais Shushan Sans Orteils préféra s'en retourner.

Éprouvant un amer regret, Confucius revint vers ses élèves et dit : « Redoublez d'ardeur ! Car si Shushan Sans Orteils, cet homme mutilé, estime avoir encore quelque chose à apprendre, sait qu'il y a bien plus respectable, bien plus important dans la vie que ses orteils, alors nous, hommes au corps intact et à l'intégrité totale, que ne pouvons-nous encore progresser ? »

Shen Tujia et Shushan Sans Orteils ont certes commis dans le passé des erreurs, pour lesquelles leur corps a payé le prix fort. Leur handicap n'est pas congénital, à l'instar de celui de Zhili Shu et, de fait, ils subissent une double peine. Ils traversent néanmoins l'existence avec aisance. Parce qu'ils détiennent une force intérieure. Ils admettent leurs faiblesses et acceptent courageusement de se corriger. Ils s'investissent dans leur nouvelle vie, et tous les respectent pour cela.

Dans notre monde actuel, la vie, le travail sont source de pression. Lorsque le fardeau se fait trop lourd, au point de nous déstabiliser, quelles en sont les conséquences ?

Nous vivons à l'époque des médias, de l'accès à l'information, des technologies en tout genre, ce qui nous procure un pouvoir sans précédent. Tout cela ne fait pourtant pas de nous des êtres plus sains, plus sereins. Au contraire même : peut-être sommes-nous plus vulnérables.

Un magazine d'information générale de la télévision centrale de Chine (CCTV) avait une fois présenté un reportage s'intitulant « L'atroce mort d'un chat », reportage effectué après une effrayante histoire de torture animale qui, en avril 2006, avait enflammé la Toile. Le meurtre d'un chaton tué à coups de talons aiguilles avait été filmé puis posté sur le Net, suscitant indignation et condamnation générale. Tous se demandaient quel monstre avait pu faire une chose pareille.

Dans cette histoire, il y a trois protagonistes. Le premier est la femme aux talons aiguilles : qui est-elle ? Le deuxième est celui qui a filmé la scène, puis l'a mise en ligne : qui est-il ? Le troisième est le site Internet : quel est-il ?

En regardant le reportage à la télévision, les gens découvrirent avec effroi que la femme aux talons aiguilles et aux instincts meurtriers n'était autre qu'une préparatrice en pharmacie travaillant dans un hôpital du Heilongjiang, une province au nord-est de la Chine. C'était une employée consciencieuse, qui s'occupait bien de ses patients et qui n'avait jamais commis de faute professionnelle. Son lieu de travail était toujours impeccablement tenu. Aimable avec tous, et toujours prête à donner de sa personne plutôt que de voir autrui se faire léser, elle était très bien évaluée par son unité de travail.

Mais son mariage de dix-sept ans s'était soldé par un divorce à la suite duquel elle n'avait trouvé aucune oreille attentive qui lui aurait permis de s'épancher. Son cœur était rempli de griefs et de colère. Devant les caméras, elle expliqua sans détour que quand on lui avait demandé de tuer le chat, elle avait tout de suite dit oui, non pour l'argent, mais tout simplement pour décharger ses émotions.

Le journaliste lui demanda : « Pendant que vous piétiniez le chaton, vous aviez un sourire sur le visage. Est-ce le commanditaire qui vous avait demandé de sourire ainsi ? » Elle répondit que non, qu'on ne lui avait rien demandé, que ça lui était venu tout naturellement semblait-il.

Voilà un acte absolument anormal, né d'une distorsion de l'esprit. Mais derrière cet acte se trouvaient celui ou ceux qui l'avaient filmé dans son entier pour ensuite le mettre en ligne ; il s'agissait en l'occurrence de personnes qui appartenaient à un groupe répondant au nom de « Front chinois du fétichisme du pied », et qui avaient ouvert leur propre site Internet appelé Site du piétinement. Le créateur de ce site avait expliqué : « Nous sommes quelques individus qui vivons dans un recoin sombre de la société. Notre orientation sexuelle fait que nous vouons un amour exclusif à cette partie du corps qu'est le pied. Voilà pourquoi nous voulons libérer sa puissance en lui donnant l'ampleur qu'elle mérite. » Piétiner avec des talons aiguilles relevait donc d'un acte de libération. Ailleurs dans le monde existe un autre groupe en tout point similaire. Ses membres ont commencé par piétiner des vêtements, des fruits, des objets sans vie donc ; puis ils ont élargi le champ des possibles en piétinant des petits poissons, des crevettes, et plus tard encore des chatons, des chiots.

Il n'y avait plus de limites quand il s'agissait ainsi de piétiner la vie.

Les personnes qui se trouvent derrière ce site Internet ont toutes été à l'école. Toutes exercent un métier très honorable. Pourtant elles ont, ancré dans leur cœur, ce handicap impossible à éradiquer.

Lorsque enfin les tenants et les aboutissants de l'histoire de ce malheureux chaton nous apparaissent dans toute leur horreur, nous tombons sous le coup de la colère, bien évidemment, mais pouvons aussi ressentir une forme d'empathie. Car cette société qui se développe au rythme effréné des nouvelles technologies, combien d'esprits troublés abrite-t-elle, incapables de marcher sous le soleil ?

Si nous pouvions être tous comme Shen Tujia et Shushan Sans Orteils, nous nous estimerions sans doute heureux car nous saurions mettre des mots sur notre conduite, reconnaître nos erreurs, chercher à nous améliorer et ainsi délivrer notre esprit. Malheureusement, trop nombreux sont ceux qui ne savent pas mettre des mots sur leur conduite, voire repérer leur inconduite.

Je me souviens avoir participé à un colloque au cours duquel le responsable du département de psychologie d'une université nous avait parlé des conclusions qu'il avait tirées d'un cas qui s'était présenté à lui.

Un jeune homme était venu le voir, cadre dynamique en costume-cravate. Sitôt entré dans le bureau, il s'était mis à explorer la pièce du regard, et, à peine assis, s'était emparé d'un cendrier, le faisant incessamment passer de sa main gauche à sa main droite.

Il avait poursuivi ce manège un certain temps avant de prendre la parole :

« J'aurais besoin de vos lumières. Je perçois des signes, comme autant de mauvais pressentiments. Par exemple, pour me rendre au travail, je dois emprunter une route où, de loin, j'aperçois des travaux d'excavation que je pourrais très bien contourner tout simplement. Mais voilà que soudain je suis persuadé que quelque chose va m'arriver et je préfère faire demi-tour pour prendre une autre route, tout en la sachant embouteillée et susceptible de rallonger mon trajet, de jusqu'à deux heures parfois. Mais rien n'y fait : je préfère arriver en retard au travail plutôt que de passer par cette première route. Ce genre de situations ne cesse de se reproduire, je ne suis plus maître de moi-même. Du moindre signe perçu, je déduis qu'il va m'arriver quelque chose. » En même temps qu'il parlait, il continuait à retourner le cendrier entre ses mains.

Son interlocuteur l'avait observé un certain temps, puis lui avait demandé : « Qui s'occupait de vous quand vous étiez petit ? – Ma grand-mère », avait répondu le jeune homme.

À la demande du spécialiste, il s'était alors mis à évoquer sa lointaine enfance. Et, au bout d'un certain temps, son interlocuteur avait enfin percé le mystère. Ce mystère, pourtant, il semble qu'il nous soit à tous très familier.

Lorsqu'il ne dormait pas, sa grand-mère dupait le jeune garçon qu'il était en lui disant : « Si dans cinq minutes tu n'as pas fermé les yeux, le loup viendra t'emporter ! » L'enfant n'en dormait pas pour autant. La grand-mère faisait une nouvelle tentative :

« Si dans trois minutes tu ne dors toujours pas, un tourbillon viendra t'emporter ! » L'enfant ne dormait toujours pas. La grand-mère finissait par dire : « Encore une minute, et c'est le démon qui viendra te chercher ! »

Terrifié, l'enfant fermait les yeux, mais il ne dormait pas pour autant car son cerveau ne cessait de travailler : et si le loup et le démon réunis faisaient maintenant irruption ?

Cette façon de duper les enfants pour obtenir d'eux qu'ils dorment est bien connue et, d'après le professeur, un événement avait sans doute transformé la crainte de cet enfant particulièrement sensible en névrose obsessionnelle.

Il avait ensuite dit au jeune homme : « Cette façon que vous avez de passer le cendrier d'un main à l'autre s'apparente à un rituel. Quel mauvais pressentiment vous traverse actuellement l'esprit ? » À cette question, le jeune homme avait brusquement cessé son manège et dit : « À présent, je comprends. Je suis en train de penser qu'il pourrait arriver quelque chose à ma mère et, en faisant passer le cendrier d'une main à l'autre, je pense pouvoir conjurer le malheur. Mais maintenant que je mets des mots sur tout cela, je sais que rien n'arrivera. »

Bien entendu, jamais un diagnostic psychologique ne saurait être posé à l'issue d'un aussi court entretien. Le processus est souvent long et douloureux, d'autant que les troubles de l'esprit sont bien moins identifiables que les troubles du corps : ils peuvent naître d'un déséquilibre qui s'est fortuitement et progressivement installé à la suite d'un choc ou de difficultés.

D'un certain point de vue, guérir de ses déséquilibres psychologiques exige un réel investissement personnel : il s'agit de pister ses propres imperfections, de devenir son propre psychothérapeute.

Pour Tchouang-tseu, lorsqu'un être accepte véritablement l'enveloppe corporelle qui lui a été donnée, cela signifie qu'il laisse ses regrets de côté et qu'il reconnaît ses déficiences. Qu'il ne se laisse pas envahir par les griefs, qu'il évite la comparaison. Qu'au lieu de tout cela il réfléchit à améliorer sa situation, cherche toujours à progresser. Tout le *Tchouang-tseu* et tous ses personnages sont traversés par un même thème directeur : celui de la différence entre grand et petit. Il n'y a pas lieu ici d'établir un parallèle avec la différence existant entre le beau et le laid, car l'apparence extérieure et le monde intérieur sont fréquemment sans relation aucune.

Lire Tchouang-tseu, c'est pénétrer un univers infini. Ses idées pourront nous sembler décousues et totalement fantaisistes, bien éloignées de notre propre vie. Mais quand nous décidons d'adopter une autre approche, celle du cœur, nous réussissons à recoller toutes les images qu'il nous propose à l'aune de notre propre expérience.

Quelles sont nos souffrances cachées ? Quelles sont nos barrières mentales ? Quelles blessures de l'enfance nous font de l'ombre aujourd'hui ? Quels sont nos regrets dans la vie ?

Tchouang-tseu n'a-t-il pas abordé toutes ces questions au travers de ses personnages ? Et ceux-ci, capables de se transcender au nom de la vertu, ne pourrions-nous pas les prendre en exemple ? Ne pourraient-ils pas nous transmettre leur enthousiasme ? Nous être une source d'inspiration ?

Une phrase célèbre dit qu'en ce monde n'existent ni détritus ni rebuts : ce qu'on appelle rebuts ne sont que richesses placées au mauvais endroit. Dans un de ses poèmes, Li Bai avait écrit : « Je me sais promis à de belles choses. » Un grand matériau sera promis à un grand usage ; un petit matériau sera promis à un petit usage. L'utile et l'inutile se différencient uniquement par la façon dont vous insérez la vie qui vous a été attribuée à l'intérieur du cadre dans lequel vous vous trouvez.

Ce que Tchouang-tseu nous dit, c'est que chacun d'entre nous doit conserver un cœur égal. Nos entraves peuvent être de n'importe quel type, physique ou mental. Dans tous les cas de figure, tel un miroir, elles nous renvoient à nous-mêmes.

Si l'on ne se retrouve pas dans les difficultés des autres, en revanche on trouvera en nous-mêmes l'image de nos propres déficiences. Et nous pouvons les combler avec notre âme, voire les améliorer en laissant notre esprit vagabonder entre le Ciel et la Terre.

6.

Parler avec légèreté de la vie et de la mort

La naissance et la mort : voilà les deux extrémités qui bornent la vie.

La vie est un chemin sans retour, et c'est arrivé au terme du voyage que nous nous remémorons les espoirs nés en chemin.

Si vous avez compris le véritable sens de la vie, vous saurez correctement faire face à la mort.

Le Tchouang-tseu *aborde également* une question qui toujours fut au centre de la réflexion humaine, celle de la vie et de la mort.

« Une vie pourra durer cent ans, la mort sera toujours au bout », dit-on en Chine. Sur ce thème de la vie et de la mort, Tchouang-tseu propose de nombreuses histoires, et notamment celle, connue de tous les Chinois, où il chante en frappant une écuelle alors même que sa femme vient de mourir.

Au chapitre VI, « L'école du premier principe », Tchouang-tseu nous dit : « L'homme véritable de l'Antiquité ne connaissait ni amour de la vie ni horreur de la mort. » Au temps jadis, celui qui comprenait véritablement le secret de la vie considérait qu'il n'y avait pas lieu de se réjouir de détenir la vie, de même qu'il n'y avait pas lieu de craindre la venue de la mort.

L'homme accompli, le *junzi* de Confucius, affiche un total détachement à l'égard de la mort, mais aussi de la vie. Il ne se pose pas la question de savoir d'où il vient, ni ne s'inquiète de savoir où il va.

Car la vie et la mort ne sont que le résultat d'une transformation de l'existence.

L'approche est séduisante, certes, mais se l'approprier est beaucoup plus difficile.

L'existence passe, affairée, tendue, et dans toute cette précipitation qui voit progressivement s'imposer l'inéluctable compte à rebours, force est de constater que la peur s'installe en nos cœurs.

Un conte des temps modernes s'intègre très bien à notre propos. C'est l'histoire de ces deux frères qui se partageaient un appartement au quatre-vingtième étage d'un gratte-ciel. Un soir ils rentrèrent tard dans la nuit, ayant au préalable malencontreusement omis de lire l'avertissement au mur qui annonçait : ASCENSEUR HORS SERVICE CETTE NUIT.

L'un et l'autre portaient un gros sac à dos. Une discussion s'imposa, à l'issue de laquelle ils décidèrent de s'attaquer d'une traite aux quatre-vingts étages qui les séparaient de leur appartement. Prenant leur courage à deux mains, ils entamèrent donc la montée. Arrivés au vingtième étage, les sacs étaient devenus vraiment trop lourds à porter. Nouvelle discussion, à l'issue de laquelle ils décidèrent qu'ils les laisseraient là, au vingtième étage : ils les récupéreraient au moment opportun. Délestés de leur fardeau, ils se sentirent plus légers, et c'est en se lançant mutuellement des plaisanteries qu'ils reprirent leur ascension.

Au quarantième étage, ils se sentirent à nouveau fatigués. Ils commencèrent alors à s'en prendre l'un à l'autre, s'adressant des reproches. « Pourquoi n'as-tu pas regardé l'avertissement ? » dit l'aîné. « Pourquoi ne m'as-tu pas rappelé de vérifier s'il y avait un avertissement ? » dit le cadet. Et c'est ainsi que, tout en se disputant, ils atteignirent le soixantième étage.

Arrivés là, les deux frères étaient épuisés et las de se disputer. Aussi décidèrent-ils que mieux valait poursuivre la montée dans la paix. Mais, les vingt derniers étages enfin derrière eux, plantés devant leur appartement, ils se regardèrent, frappés en même temps par la même soudaine évidence : leurs clés étaient restées au vingtième étage, sagement rangées dans leurs sacs.

Ce conte des temps modernes n'est rien d'autre qu'une parabole de l'existence.

En effet, faisons l'hypothèse d'une vie qui durerait quatre-vingts ans. Au tout début, l'être humain dont nous parlons déborde d'enthousiasme ; son sac de voyage est bien lourd, rempli à craquer d'idéaux, d'ambitions et de nombreux espoirs.

Prêt à braver les épreuves et les dangers, il pose son pied sur la première marche, entamant son ascension. Et il grimpe ainsi jusqu'à l'âge de vingt ans, c'est-à-dire jusqu'au moment de faire ses premiers pas seul dans la société, il commence alors à en identifier les règles et constate que la société lui impose un bien lourd fardeau. Il lutte d'arrache-pied, mais déjà il éprouve de la fatigue. À ce stade-là, qui voudrait encore porter tant de rêves sur son dos ? Il décide alors de s'en délester provisoirement et de s'occuper d'abord d'assurer le nécessaire, de se créer une situation. « Je reprendrai mes rêves plus tard, se dit-il, j'en ai bien encore le temps. » Il se sent aussitôt beaucoup plus léger et poursuit donc son chemin.

Il continue à prendre de l'âge. La fatigue

s'accumule, la lutte s'intensifie, les soucis se multiplient. Inévitablement, il commence à se plaindre. Là, il en est au stade où les deux frères se font des reproches : il se sent trahi par la société, il a beaucoup trop donné de sa personne, la récompense est bien faible. Il panique, et le doute s'installe. Mais tout en maugréant il poursuit son chemin.

À quarante ans, l'âge auquel, dit Confucius, on n'éprouve plus de doutes, ce qui jadis le faisait déborder d'enthousiasme n'est plus. L'homme est épuisé, abattu. Il s'appuie désormais sur les autres pour poursuivre le chemin.

Ayant atteint l'âge de soixante ans, il se dit que le soir de la vie doit être bien beau, qu'il faut le chérir. Il décide alors de s'apaiser et de cesser de se plaindre. Ce stade de la vie correspond à celui où – là encore nous citons Confucius – l'homme pénètre le sens profond de ce qu'il entend. Désormais son cœur est à l'écoute, les reproches n'ont plus lieu d'être.

Enfin, l'homme atteint l'âge de quatre-vingts ans. Arrivé à cette autre extrémité de son existence, ressentant soudain une immense déception, il se souvient que ce à quoi il tenait le plus dans la vie, il l'a laissé dans le sac de voyage de ses vingt ans. Tous ces rêves qu'il n'a jamais réalisés, auxquels il n'a jamais laissé libre cours, qui ne l'ont jamais accompagné. Toute cette vie, il l'aura parcourue en vain. Mais ses vingt ans sont partis à jamais, car sur le chemin de la vie on ne peut retourner sur ses pas.

Voilà un conte chargé de sens. Cette leçon de vie en accéléré nous pousse à nous interroger : quelle attitude adopter lorsque, à la fin du parcours, s'impose la question de la vie et de la mort ?

Tchouang-tseu arrive à parler avec légèreté de la vie et de la mort parce qu'il a pris conscience de leur véritable signification. Le passage de la vie à la mort n'est rien d'autre que la transformation d'un même état.
Tchouang-tseu arrive à rester ouvert face à la vie et à la mort parce qu'il accepte l'existence telle qu'elle est : puisque jamais personne n'a pu réchapper de la mort, à quoi bon la craindre, à quoi bon s'en affliger ?

Dans le chapitre VI, « L'école du premier principe », Tchouang-tseu raconte l'histoire suivante :

Zi Sanghu, Meng Zifan et Zi Qinzhang ne se connaissaient pas. Lorsqu'ils se rencontrèrent, ils se découvrirent un point commun, celui de ne se préoccuper ni de la vie ni de la mort. Puis ils s'en découvrirent d'autres encore. Ils décidèrent donc de s'associer pour devenir les meilleurs amis du monde.

Qu'advint-il ? Zi Sanghu mourut. Ayant appris la nouvelle, Confucius envoya son disciple Zi Gong pour aider ses deux amis à arranger les funérailles. Arrivé sur place, Zi Gong trouva Zi Qinzhang en train de pincer les cordes de son instrument, tandis que Meng Zifan composait une élégie. Puis tous deux chantèrent ensemble face à la dépouille de Zi Sanghu : « Zi Sanghu, ô Zi Sanghu, tu as maintenant rejoint ta vraie nature, nous restons encore parmi les hommes. »

Interloqué par ce qu'il voyait, Zi Gong leur lança : « Tous trois étiez si bons amis. L'un d'entre vous

vous quitte à jamais et vous, vous chantez devant sa dépouille. Est-ce conforme aux rites ? »

Zi Qinzhang et Meng Zifan se mirent à rire et dirent : « Là où il est, comment pourrait-il comprendre la signification des rites ? »

À son retour, Zi Gong demanda à Confucius : « Mais quels sont donc ces hommes ? Quel est donc le fond de leur pensée ? »

Confucius répondit : « Le cœur de ces hommes voyage hors du monde tandis que moi je reste obstinément confiné en ce monde. Pourquoi vous ai-je demandé de les aider à arranger les funérailles ? Quelle étroitesse d'esprit de ma part ! Ces hommes ne voient plus de frontière entre la vie et la mort. Leur esprit vagabonde en harmonie avec le Ciel et la Terre, qu'importe pour eux le corps humain. Lorsqu'un ami s'en va en premier, c'est parce qu'il part pour un long voyage ; les deux qui restent ne font que tranquillement l'accompagner au moment du départ. »

Cette histoire énonce une vérité : notre existence présente plusieurs formes.

Voici une autre histoire, également tirée du chapitre VI, « L'école du premier principe » :

Zi Lai était tombé gravement malade et ses jours étaient désormais comptés. Zi Li lui rendit visite et le trouva entouré de son épouse et de ses enfants, tous en pleurs. Se plaçant devant eux, Zi Li leur dit : « Écartez-vous vite, ne dérangez pas davantage cet homme qui est sur le point de vivre une grande transformation. »

Puis, s'appuyant contre la porte, il interpella Zi Lai : « Grand est le Créateur ! Quelle sera ta prochaine transformation ? Le foie d'un rat ? La patte d'un insecte ? »

Zi Lai poussa un long soupir et répondit : « La terre m'a donné un corps, la vie m'a fatigué, la vieillesse m'a été confortable, la mort m'apportera le repos. »

Ces quatre assertions résument le parcours d'une vie. Le Ciel et la Terre ont forgé mon existence et m'ont conféré cette forme. Je suis arrivé sur cette terre avec cette vie ; je dois totalement l'intégrer à mon environnement et traverser ainsi ce bout d'existence. Voilà pourquoi à la fin je pourrai dire que « la vie m'a fatigué ». Personne n'y échappe : la vie est source de peines, et jalonnée d'épreuves. Au soir de ma vie, la vieillesse s'est installée en moi et je peux enfin profiter du temps qui passe, sans plus me soucier de quoi que ce soit. Mais ces années de repos ne me sont données qu'en quantité limitée, et l'ultime repos, c'est la mort qui me le donnera : « La mort m'apportera le repos. » Ainsi se déroule l'existence. Voilà pourquoi Zi Lai ajouta : « J'en suis persuadé, la vie me fut bonne, et la mort me sera bonne aussi. J'ai été placé sur cette terre d'une certaine manière et j'y ai suivi mon chemin ; de même je quitterai cette terre d'une belle manière. »

Ces paroles prononcées, Zi Lai s'endormit paisiblement. Lorsqu'il se réveilla, son esprit était clair et la maladie avait disparu de son corps : Zi Lai entamait désormais une nouvelle vie.

Il s'agit là d'une simple histoire, et pourtant elle est riche d'un enseignement : lorsque dans son cœur un homme accepte de considérer l'existence comme une traversée, la mort devient pour lui continuité de la vie, elle a été transcendée.

« La graisse est limitée par le fagot ; mais le feu se transmet, on ne connaît pas sa fin. » Cette phrase en conclusion du chapitre III, « Principe d'hygiène », s'explique de la manière suivante : la graisse sur le fagot s'enflamme, mais quand elle a fini de brûler, le fagot est lui aussi consumé, tandis que le feu, lui, continue à brûler, il ne connaît ni début ni fin.

Le corps, la vie de l'homme finissent toujours par être entièrement consumés, mais sa pensée peut être éternellement transmise. Pour Tchouang-tseu, la transmission de la pensée prime largement la vie. Voilà comment il comprenait la double modalité de la vie et de la mort.

L'espérance de vie actuelle n'a rien à voir avec celle qui prévalait dans la haute Antiquité. Pourtant, jamais la crainte de la mort n'a été aussi forte, jamais les hommes ne se sont autant accrochés à la vie. Nos existences actuelles recèlent trop de secrets, trop d'entraves, trop de choses qui embrouillent nos cœurs et nous empêchent de fermer les yeux.

Tchouang-tseu a raconté nombre d'anecdotes à propos de la vie et de la mort : la sienne, celle de membres de sa famille, celle d'amis. Mais son approche est radicalement différente de la nôtre. Ayant traversé l'existence, ce à quoi il attache de l'importance, c'est à la qualité de la flamme et non au temps que met le fagot à brûler. Les faits et gestes d'une personne tout au long de sa vie pourront avoir été couchés sur le papier, chacun d'entre nous en fera néanmoins une lecture différente.

« Quand on ne sait déjà pas ce qu'est la vie, comment pourrait-on savoir ce qu'est la mort ? » dit Confucius dans ses Entretiens *(XI, 11). Pour comprendre la mort, il faudrait donc déjà comprendre la vie. Chacun a sa façon d'appréhender l'existence, et aura ainsi sa propre compréhension des phénomènes qui l'entourent. Souvent, nous constatons que, dans un même environnement et face à un même événement, chacun développe pourtant un point de vue différent. Comment expliquer cela ?*

Trois hommes marchaient ensemble. Au coin d'une rue, ils assistèrent à la même petite scène, celle d'une petite araignée en train de grimper à l'angle du mur. Devant elle restait encore une goutte de pluie. La rencontrant, la petite araignée tomba. Elle reprit aussitôt son ascension, toujours à l'angle du mur, mais, arrivée à ce même endroit, elle retomba. Elle reprit cependant son manège, sans fin.

Cette petite scène rappela leur propre vie aux trois hommes.

Le premier pensa : « Cette araignée, c'est moi. Comme elle, depuis que je suis né, je ne cesse de grimper puis retomber, grimper puis retomber. Je passe ma vie à m'affairer sans but, plongé dans une perpétuelle et stérile agitation. »

Le deuxième pensa : « Quand je regarde cette araignée, je réalise à quel point ma vie est remplie de manquements. Nous ne faisons que regarder droit devant nous, persuadés qu'il n'y a qu'un seul chemin possible. Pourtant cette goutte de pluie n'est pas bien grande. Il suffirait que l'araignée la contourne, elle pourrait alors poursuivre sa progression vers le haut, bien au sec. Je dois absolument réorienter ma vie de façon plus intelligente. Il faut parfois savoir avancer en faisant des détours. »

Le troisième fut ébranlé par ce qu'il avait observé : « Si une aussi petite araignée peut faire preuve d'une telle persévérance, combien d'énergie un homme est-il capable de mobiliser dans sa vie ? Combien de miracles peuvent-ils encore se produire pour lui ? Tout est là, potentiellement présent dans son existence. »

Une petite scène peut ainsi provoquer une grande variété d'interprétations et de prises de conscience au sujet de l'existence.

Cela me rappelle cette histoire que j'ai lue un jour, à propos d'un lettré qui avait fait le voyage pour se présenter aux examens impériaux. Les examens impériaux marquent un tournant dans la vie d'un homme de lettres. Celui-ci était donc profondément inquiet : que ressortirait-il de ces examens ? Que serait sa vie à l'issue des résultats ?

La veille des examens, il fit trois rêves très étranges.

Dans le premier, il plantait des choux en haut d'un mur. Dans le deuxième, il sortait par temps de pluie affublé d'un chapeau de paysan et d'une ombrelle. Dans le troisième, il dormait dans un lit, dos à dos avec une femme qu'il aimait.

L'homme émergea de son sommeil. « Ces trois rêves ne sont pas ordinaires », pensa-t-il. Et comme les examens devaient se tenir le lendemain, il préféra se rendre aussitôt chez un expert pour qu'il lui interprète ses rêves. Après avoir écouté ses explications, l'expert lui dit : « Votre vie s'annonce très sombre. Planter des choux en haut d'un mur, n'est-ce pas se donner de la peine pour pas grand-chose ? Porter un chapeau et une ombrelle, n'est-ce pas multiplier les actes inutiles ? Se trouver dans un lit avec une femme qu'on aime mais pour lui tourner le dos, n'est-ce pas sans espoir ? Renoncez aux examens, rassemblez vos affaires et rentrez chez vous. »

De retour à l'auberge, le lettré se mit effectivement à rassembler ses affaires.

L'aubergiste lui demanda : « Comment se fait-il que vous repartiez sans avoir passé les examens ? » Le lettré lui expliqua toute l'affaire. L'aubergiste répliqua : « Moi aussi je sais interpréter les rêves, et j'estime que vos trois rêves sont de très bon augure. Planter des choux en haut d'un mur, cela signifie que vous obtiendrez des résultats élevés. S'affubler d'un chapeau mais aussi d'une ombrelle, c'est parer à toute éventualité. Être allongé dans un lit auprès d'une femme qu'on aime signifie qu'il suffit de se retourner pour la voir. »

Ayant écouté l'aubergiste, le lettré sentit la confiance revenir à grands pas. Il se présenta le lendemain aux examens et obtint de bons résultats.

Voilà donc également une façon d'interpréter le secret de la vie. Face à la multiplicité des choix qui s'offrent à nous, personne ne peut interpréter nos rêves à notre place. Nous devons nous interroger : à quelle étape de ma vie suis-je arrivé ? Quelle décision mon cœur me demande-t-il de prendre ?

Le confucianisme et le taoïsme ont une approche différente de la mort. Ainsi, le confucianisme insiste sur le fait que l'homme animé d'un noble idéal peut envisager de renoncer à sa vie au nom de ses convictions. Le taoïsme, lui, envisage la question sous un autre angle : l'homme ne doit connaître ni amour de la vie ni horreur de la mort. Cela dit, l'une et l'autre école se rejoignent dans le sens où elles valorisent toutes deux l'existence. Mais alors, quelle vie mener qui aura une vraie valeur ?

Dans le chapitre VI, « L'école du premier principe », Tchouang-tseu fait l'éloge de l'homme véritable. Il dit : « L'homme véritable de l'Antiquité ne connaissait ni amour de la vie ni horreur de la mort. Il ne se réjouissait point de sa naissance ; il ne refusait point sa mort. Il arrivait naturellement et repartait naturellement, voilà tout. Il n'oubliait pas son commencement, la naissance ; il ne se préoccupait pas de sa fin, la mort. Il acceptait la mort dans la joie ; il oubliait le va-et-vient entre la naissance et la mort. Voilà qui s'appelle ne pas porter préjudice au Tao par son esprit, ne pas aider le Ciel par sa personne : tel est l'homme véritable. »

Ainsi donc, l'homme véritable ne connaît ni la joie d'être en vie ni la peur de la mort. Il ne se réjouit pas de sa naissance, ni ne refuse la mort. Il arrive et repart dégagé de toute entrave, ni plus ni moins. Il n'oublie pas d'où il vient, mais ne se préoccupe pas non plus de savoir où il ira après. Tout ce qui lui arrive, il l'accepte dans la joie ; il oublie la vie et la mort, et s'en remet à la nature. Il ne saurait porter atteinte à la voie du Ciel pour satisfaire les désirs de son âme et de son esprit ; il ne saurait non plus prétendre suppléer à la nature même du Ciel.

Tchouang-tseu poursuit : « Ce faisant, son cœur était exempt de préoccupations, son visage était serein (…) sa joie et sa colère se manifestaient comme les quatre saisons. Il savait s'adapter à tous les êtres, personne ne connaissait ses limites. » Ainsi donc, l'homme véritable affiche un visage calme, indifférent ; son cœur demeure détaché de toutes choses. Joie et colère, tristesse et plaisir : son tempérament est à l'image des quatre saisons, et c'est en toute tranquillité qu'il fait face aux situations de la vie telles qu'elles se présentent à lui.

Tchouang-tseu recourt à cette description de l'homme véritable pour décrire l'attitude à adopter face à la mort : ne pas la craindre mais ne pas la rechercher non plus.

À ce propos, l'approche confucéenne est très différente. En effet, dans ses *Entretiens* (XV, 8), Confucius explique que l'homme animé d'un noble idéal peut envisager de renoncer à sa vie au nom de ses convictions, en l'occurrence pour protéger un grand principe, celui de la « vertu d'humanité », le *ren*.

Le confucianisme et le taoïsme ont donc deux approches différentes du long chemin de la vie. La posture confucéenne est celle de l'homme valeureux ; la posture taoïste est celle du lettré détaché. Le confucianisme s'inscrit dans une lutte contre le temps : il s'agit d'exploiter le temps qui nous est imparti pour construire. Le taoïsme appelle au contraire à accepter l'écoulement inévitable du temps, et à saisir chaque minute, chaque seconde qui passe pour se créer une vie heureuse.

Ces deux conceptions de la vie sont différentes, mais elles se rejoignent en ce qu'elles valorisent toutes les deux la vie.

Or, il y a bien des manières de valoriser la vie. Certains veulent passer à la postérité, accomplir un grand œuvre ; et s'il faut sacrifier leur propre vie pour une action méritante, ils le feront. D'autres visent le perfectionnement et la paix du cœur, ils recherchent la perfection morale.

Les premiers seront donc davantage enclins à refuser la résignation ; les seconds feront davantage preuve de détachement. Il s'agit là de deux approches différentes qui nous habitent conjointement : le confucianisme et le taoïsme.

Pour les Chinois, il y a deux postures différentes à l'égard de la vie et de la mort : l'une est celle de Qu Yuan, l'autre est celle de Sima Qian.

Qu Yuan opta pour une mort violente en se jetant dans une rivière.

Qu Yuan est un grand poète chinois (340-278, les dates ne sont pas certaines) qui vécut à l'époque des Royaumes combattants, laquelle précéda l'unification de la Chine, en 221 avant J.-C. Membre de la maison royale de Chu, il était également haut dignitaire. S'étant emparé de Ying, la capitale du royaume de Chu, le roi de Qin ordonna au terrible général Bai Qi d'en massacrer la population. Qu Yuan réchappa de ce massacre, ce qui le mena sur les routes de l'errance. Certes, nombre de royaumes alliés étaient prêts à l'accueillir, mais lui savait que le temple des ancêtres de sa famille ainsi que son pays étaient perdus à jamais ; dans ces conditions, mieux valait encore qu'il rejoigne ce qui n'était plus en disparaissant lui aussi à jamais.

Qu Yuan est en quelque sorte mort pour la patrie, dans la mesure où il ne lui restait pas d'autre choix. L'écrivain et homme politique Guo Moruo (1892-1978) dira plus tard de Qu Yan qu'il aura été déchiré entre l'exigence de son idéal et l'impossibilité de le réaliser dans le contexte dans lequel il se trouvait. Voilà pourquoi un homme comme lui ne pouvait orienter son existence qu'en recourant à ce geste grave et définitif.

Or, Sima Qian, au moment décisif de choisir entre la vie et la mort, eut une approche bien différente : il se savait appelé à une mission plus importante, à côté de laquelle la vie, la mort, le nom et l'intégrité ne comptaient plus.

Ayant provoqué la colère de l'empereur, le grand historiographe fut condamné à être castré ou exécuté. Il opta pour la castration, et expliqua très clairement sa posture à l'égard de la vie et de la mort dans une lettre célèbre adressée à son ami Ren An.

Dans cette lettre, Sima Qian revient sur son emprisonnement et sur le châtiment corporel subi. Il déclare avoir été victime d'une terrible injustice, avoir fait l'objet d'accusations calomnieuses absolument infondées. Il explique également qu'aucun des civils et des militaires de la cour ne lui est venu en aide. Les conditions étaient telles que, soucieux de préserver son honneur, il aurait effectivement pu opter pour la mort.

Il ne le fit pourtant pas et accepta la plus suprême des infamies qu'un homme puisse subir : la castration.

Pourquoi avoir préféré continuer à vivre malgré les humiliations ? Parce qu'une mission l'attendait, à côté de laquelle ces humiliations ne comptaient plus : il lui fallait « élucider la jonction du Ciel et de l'humanité, à travers tout ce qui a changé de l'Antiquité à l'époque contemporaine ». Cette explication apparaît en introduction des *Mémoires historiques*. Voilà pourquoi il tenait tant à écrire ces *Mémoires historiques* qui donneraient plus tard naissance à une nouvelle école de pensée.

En effet, son père, Sima Tan, était chargé des Annales de la Cour. Il confia à son fils sa future mission d'historiographe en lui disant : « Il y eut le duc Dan de Zhou, puis cinq siècles plus tard Confucius, et nous voici cinq siècles plus tard encore. Depuis la disparition de Confucius, personne n'a jamais plus fait état des événements reliés aux périodes de bon gouvernement et de paix, ni n'a complété les *Annales des printemps et des automnes*. C'est à toi que revient désormais la charge de mettre par écrit les événements du passé, de transmettre l'Histoire. » Et c'est ainsi que, sur son lit de mort, Sima Tan transmit à son fils Sima Qian la lourde tâche de compiler les *Mémoires historiques*. Voilà pourquoi Sima Qian prétend que la mission de sa vie était de compiler cinq cents ans d'Histoire, reprenant ainsi le travail là où Confucius l'avait laissé cinq cent ans plus tôt dans ses *Annales des printemps et des automnes* : « Comment aurais-je pu refuser ! » ajoute-t-il dans l'introduction de ses *Mémoires historiques*. Le Ciel avait confié une immense responsabilité à un seul homme : même s'il lui arrivait quelque chose de grave, mieux valait pour lui subir

Yang Yan

Yang Yan

l'humiliation que de faire bon marché de sa vie en se suicidant. Telle était la posture de Sima Qian.

Celle-ci est à rapprocher de l'attitude prônée par Tchouang-tseu face à l'existence, elle la met même en relief.

Pour Tchouang-tseu, il ne faut pas craindre la mort, mais ne pas la rechercher non plus. Pourtant, incapable de supporter davantage les échecs ou la pression qu'elles subissent, certaines personnes choisissent de s'ôter la vie. Qu'est-ce qui fait que, parfois, on ne parvient plus à surmonter les défis de l'existence ?

Issus de la génération dite de « l'enfant unique », les jeunes Chinois vivent souvent mal la pression de l'université. Ils ont le cœur lourd et sont de plus en plus nombreux à décider d'en finir une fois pour toutes. Certaines universités chinoises affichent des taux de suicide annuels préoccupants, et ce quel que soit le niveau d'études : licence, master, doctorat.

Les raisons de ce geste ? Moins nombreuses qu'on ne pourrait le penser. On trouve tout d'abord et surtout des émotions devenues impossibles à gérer : des problèmes sentimentaux, une rupture, une vie qui ne laisse aucun espoir. Au deuxième rang vient la question de la vie professionnelle : pourquoi avoir aligné les bonnes notes depuis l'école primaire, réussi à entrer dans les meilleures universités, si c'est pour ne pas parvenir à se faire une place dans la société ! Envahi par le ressentiment, nous ne voyons plus d'autre solution que de quitter ce monde. Enfin, il y a aussi ceux qui ne supportent pas la pression des études, qui se sentent étouffer, qui estiment que la vie ne vaut pas la peine d'être vécue car elle est sans joie aucune.

Ces jeunes optent pour le suicide alors qu'ils viennent à peine d'atteindre le vingtième étage de leur existence : ils se jettent par la fenêtre avec leur sac encore sur le dos. Sans avoir même sorti leurs idéaux du sac, sans même les avoir tout simplement définis. Tout disparaît dans leur chute.

Dans la société chinoise actuelle, l'enfant unique est la norme. Un enfant-roi par excellence : quatre grands-parents et deux parents aux petits soins. Son foyer est une pyramide au sommet de laquelle il trône. Comment pourrait-il dès lors ne pas devenir présomptueux ?

Mais la société aussi est une pyramide, et chaque jeune qui y fait ses premiers pas réalise que son rôle sera d'abord d'en former la base.

La chute est brutale : il est difficile pour ces enfants habitués à trôner au sommet d'une pyramide d'accepter de venir grossir les rangs servant de base à une autre pyramide. Lorsque l'un de ces enfants refuse cette réalité, le résultat va parfois bien plus loin qu'un simple déséquilibre psychologique ; parfois il va jusqu'à envisager la solution la plus extrême, celle, bien trop expéditive, de renoncer à la vie. Car notre société actuelle crée de nouvelles formes de pression, lesquelles peuvent être source de trouble.

De nos jours, le suicide prend souvent deux formes. La première, évidente et radicale, consiste par exemple à se jeter dans le vide du haut d'un immeuble comme on jette au rebut un vieux chiffon déchiré.

L'autre prend des allures beaucoup plus feutrées : elle consiste à se laisser aller. On se désengage de son travail, on ne veut plus faire l'effort de construire une relation au sein d'un foyer qui ne laisse plus d'espoirs ; et, face à ses amis, on arbore un air désabusé, une totale absence de volonté. Bref, on devient un propre à rien, un mort vivant : le corps est vivant, mais le cœur est bel et bien mort. La peine ressentie est trop forte, le cœur est verrouillé.

Dans ce chapitre, nous abordons le thème de la vie et de la mort. Un thème qui semblera bien lointain pour nombre d'entre nous ; pourtant, il nous est très proche.

Quelle partie de nous est encore réellement vivante ? Combien de rêves demeurent en nos cœurs ? Combien d'espoirs pour l'avenir subsistent en nous ? À chacun d'y réfléchir.

Voilà pourquoi, aujourd'hui bien plus encore qu'à l'époque de Tchouang-tseu, il est primordial que nous portions en nos cœurs nos rêves premiers, que nous passions outre aux limites de la vie et de la mort. Du temps de Tchouang-tseu, les conditions matérielles étaient spartiates, les possibilités de choix quasi inexistantes ; la seule aspiration était celle de pouvoir continuer à vivre.

Or, aujourd'hui, nous vivons dans l'abondance. Désorientés par la grande variété de choix qui s'offrent à nous, nous sentons un énorme poids peser sur nos épaules. Et lorsque le choix se fait trop vaste, s'installe aussi une certaine fatigue de la vie.

Voilà pourquoi il faut savoir aller au-delà de l'alternative vivre ou mourir, pour se tourner davantage vers son esprit : il est primordial d'orienter son esprit de manière à se créer une existence présentant une réelle valeur.

À première vue, le *Tchouang-tseu* donne l'impression d'être empli « de discours insolites, de paroles extravagantes, d'expressions sans queue ni tête » (chapitre XXXIII, « Dans le monde »). Mais quand nous tentons de relier ses histoires à notre vie actuelle, nous réalisons à quel point s'en dégagent l'empathie et la compassion de Tchouang-tseu pour le cœur de l'homme.

Quand notre cœur replace la vie et la mort dans leur contexte, quand nous comprenons que la possibilité nous est donnée de continuer à vivre, alors nous pouvons pleinement jouir de ces années qui nous sont offertes, dans l'acceptation des événements et en profitant de l'instant présent où chaque seconde, chaque minute vaut la peine d'être vécue. Lorsque arrivera le moment de passer de vie à trépas, calme et le sourire aux lèvres, chacun pourra ainsi se dire : « Je ne laisse aucun regret derrière moi. »

Cet horizon, chacun d'entre nous peut l'atteindre : tel est le message de Tchouang-tseu.

7.

Rester fidèle à soi-même tout en s'adaptant au monde extérieur

Nous sommes tous dotés d'une individualité, mais nous évoluons également tous à l'intérieur d'une collectivité. Tchouang-tseu considère que chacun doit pouvoir rester fidèle à son tempérament, ne pas se laisser emporter au gré des vagues et des courants. Ce qui signifie que, face aux circonstances extérieures, notre cœur doit pouvoir faire preuve d'ouverture et d'adaptabilité. Une question demeure : comment faire montre de cette adaptabilité tout en restant fidèle à soi-même ?

Au chapitre XXII, « Intelligence voyage dans le Nord », Tchouang-tseu décrit une des valeurs de l'existence et, pour nous la présenter, il fait dire à Confucius : « Les hommes de l'Antiquité se transformaient extérieurement sans se transformer intérieurement ; les hommes d'aujourd'hui se transforment intérieurement sans se transformer extérieurement. »

Comment comprendre cet énoncé ?

Se transformer extérieurement sans se transformer intérieurement : l'extérieur s'adapte aux circonstances tandis que l'intérieur reste fidèle à lui-même, centré et imperturbable.

La vie en société impose d'en accepter les règles, de se plier aux conventions, d'interagir avec autrui : voilà ce que signifie « se transformer extérieurement ». Une personne conciliante, accommodante, sociable fera ainsi preuve de capacités de transformation à l'égard de l'extérieur. Mais ce qui fait que cette personne restera néanmoins elle-même, conservera ses valeurs, développera son propre style, maintiendra ses aspirations, c'est la capacité de son cœur à ne pas se transformer.

Autrement dit, si les circonstances extérieures imposent d'adapter sa façon de vivre, nous devons néanmoins intérieurement demeurer fidèles à nous-mêmes. Pouvons-nous y arriver ? La question est plus que jamais d'actualité.

L'Univers est infini et ne cesse de se transformer. Dans la société de l'information qui est la nôtre, chaque jour voit de nouvelles situations et de nouvelles règles apparaître : pour chacun d'entre nous, il s'agit encore et toujours de s'adapter à de nouveaux critères, à un cadre de référence en constante évolution. Quelle attitude adopter ? Décréter une fois pour toutes que nous sommes de la vieille école, conserver ce qui est désuet, continuer à accepter les us et coutumes, nous cramponner à la routine ? Ou alors nous adapter en nous mettant au diapason de notre temps ?

Pourquoi vouloir faire preuve d'ouverture et d'adaptabilité devant les circonstances extérieures ?

L'Univers est infini, protéiforme : innombrables sont donc les choses et les êtres sur lesquels nous n'avons aucune emprise. Le danger nous guette et les difficultés ne sont pas rares : nombre d'événements fortuits mettent notre cœur au défi. Pouvons-nous toujours y faire face sans crainte ?

Dans le chapitre XVII, « Les eaux d'automne », Tchouang-tseu raconte une histoire dans laquelle, une fois de plus, Confucius est mis à contribution :

Pendant ses années d'errance, Confucius se trouva un jour à passer par Kuang, dans le pays de Wei. Tout d'un coup, il fut cerné sur plusieurs rangs par les troupes de Wei. Confucius s'assit sur le sol et se mit à chanter en pinçant les cordes de son instrument, sans aucune intention de s'arrêter.

Son disciple Zi Lu le rejoignit et lui demanda, complètement affolé : « Quand je vous regarde à l'instant, je ne peux que vous demander : comment se fait-il, Maître, que vous soyez en train de vous divertir ? » Dit autrement : l'ennemi est prêt à attaquer et nous-mêmes sommes en danger, et vous, vous avez encore l'esprit à vous divertir ?

« Avancez-vous, je vais vous le dire, lui répondit doucement Confucius.

» Zi Lu, regardez-moi : cela fait des années que je suis aux prises avec les difficultés. Pourquoi donc ? Parce que tel est mon destin. J'aimerais tant pouvoir m'en défaire, mais je n'y arrive pas. Pourquoi donc ? Parce que mon heure n'est pas encore arrivée. Au temps de Yao et de Shun, temps de bon gouvernement et de paix, les hommes réalisaient leurs ambitions dans le monde ; ce n'était pas du fait de leur savoir. Au temps de Jie et de Zhou, temps de grands désordres, les hommes ne réalisaient pas leurs ambitions dans le monde ; ce n'était pas du fait que leur savoir avait diminué. Ce sont les circonstances qui expliquent tout cela !

» Il existe de nombreuses variantes du courage en ce monde. Rencontrer des dragons dans les eaux et leur faire face, voilà le courage du pêcheur. Rencontrer des rhinocéros et des tigres sur Terre et leur faire face, voilà le courage du chasseur. Considérer que la mort vaut la vie alors qu'une lame acérée est pointée vers lui, voilà le courage du valeureux. Comprendre que le malheur a son destin et que le bonheur a son heure, ne point trembler devant les pires catastrophes, voilà le courage du saint. »

Enfin, soucieux de réconforter Zi Lu, il lui dit : « Ne vous inquiétez pas et restez calme. Je sais que mon destin est pris en charge. »

Quelques instants plus tard, un homme armé rejoignit Confucius. « Nous nous sommes trompés : nous pensions encercler un dénommé Yang Hu », déclara-t-il. Confucius mentionne également cette histoire dans ses *Entretiens*, indiquant lui aussi que ce Yang Hu lui ressemble. « Nous savons maintenant que vous n'êtes pas Yang Hu et nous vous présentons nos excuses », ajouta l'homme. Sur ce, il ordonna à ses troupes de se retirer.

Pourquoi Tchouang-tseu a-t-il inséré cette histoire dans le chapitre XVII, « Les eaux d'automne » ? Pour nous dire que si intérieurement une personne demeure tranquille et courageuse, alors extérieurement elle sera prête à relever tous les défis.

Voilà ce qui s'appelle maintenir ses aspirations : c'est cette force qui fait que, à l'intérieur, nous restons nous-mêmes.

En ce début de XXIe siècle, nous nous laissons trop influencer par le discours extérieur. Dans nos sociétés d'abondance, il suffit encore que trois personnes racontent avoir vu un tigre pour que tous nous croyions le tigre effectivement à nos portes. Et si sept ou huit personnes se mettent d'accord pour faire du tapage, elles réussiront peut-être aussi à orienter votre façon de penser.

Voici une histoire riche d'enseignements sur laquelle je suis tombée un jour :

Un homme s'était vu lancer un pari par un ami :

« Si tu accroches aujourd'hui chez toi une cage vide, tu peux être sûr que, dans quelques jours, tu te retrouveras à t'occuper d'un oiseau. » Ce à quoi il avait répondu : « Comment serait-ce possible ? Il n'y a aucun lien de cause à effet entre accrocher une cage vide et s'occuper d'un oiseau. »

Son ami répliqua : « Je lance le pari. Accroche la cage, et on verra bien. »

L'homme le prit au mot et accrocha une cage vide dans sa maison. Peu de temps après, il reçut un visiteur qui, apercevant la cage, lui demanda : « Où est passé ton oiseau ? Il est mort ? Il s'est enfui ? C'était quoi comme oiseau ? Je peux t'en offrir un autre si tu veux. »

L'homme tenta de lui expliquer toute l'affaire. Le lendemain, il reçut un nouveau visiteur : « Tu gardes une cage vide comme ça ? Tu dois être bien triste ! Il est mort quand, ton oiseau ? Ne serait-ce pas que tu ne sais pas t'y prendre avec les oiseaux ? Je t'achèterai un livre qui explique comment s'en occuper, ça te sera très utile. »

Le troisième jour passa un nouveau visiteur. Celui-là tenait un oiseau entre ses mains. Il dit : « Tout le monde a vu que ta cage était vide. Comme c'est dommage que ton oiseau soit mort ! Je t'offre cet oiseau et aussi des graines pour le nourrir. Et puis je vais t'expliquer comment tu dois t'en occuper. » Un oiseau, des graines, un livre : l'homme commençait à trouver la situation bien lourde. Et ce n'était pas fini.

La semaine n'était pas terminée qu'il déclara : « J'abandonne. Je prends un oiseau. Comme ça, ça m'évitera de me voir demander à longueur de journée où est passé mon oiseau. » Et c'est ainsi que la cage vide se trouva un nouvel occupant.

L'histoire est inventée de toutes pièces, et pourtant elle ressemble beaucoup à ce que nous vivons au quotidien. En effet, enfants, nous somme fidèles à nous-mêmes. Malheureusement, le quotidien nous met à rude épreuve, et le monde extérieur est bien décidé à façonner notre personne. C'est l'histoire de l'oiseau et de la cage vide. Autrement dit : qu'est-ce qui fait qu'à un moment nous modifions une habitude ? C'est que, tout simplement, nous avons perdu la force qui nous poussait à refuser de nous laisser transformer.

« Ne pas se transformer intérieurement » : Tchouang-tseu nous explique que notre cœur ne doit en rien se laisser influencer par les mutations du monde extérieur, il doit encore et toujours rester fidèle à lui-même.
La transformation extérieure prônée par Tchouang-tseu, c'est celle qui consiste à rester ouvert dans ses interactions avec autrui, à adapter son comportement à la société dans laquelle on vit. Mais comment se fait-il que le peu conventionnel Tchouang-tseu préconise ici de s'adapter au monde extérieur ?

Confucius apparaît également au chapitre IV, « Le monde des hommes » : Tchouang-tseu lui fait dire que le monde où vivent les dix mille êtres est régi par de nombreuses règles, mais que deux de ces règles encadrent toutes les autres et doivent être respectées par tous : l'une est le destin, l'autre le devoir. À elles deux, elles forment ce que Tchouang-tseu appelle « les deux grandes lois sous le Ciel ». Il s'agit de deux préceptes absolument incontournables. Le destin, c'est la piété filiale à l'égard des parents : chacun y est prédestiné. Le devoir, c'est la fidélité à la patrie : chacun doit s'y plier.

Tout au long de ses écrits, Tchouang-tseu nous appelle à nous distinguer par notre conduite, à vagabonder entre le Ciel et la Terre, à voyager loin avec notre cœur. Et voilà qu'ici il nous demande de respecter ces deux grandes lois sous le Ciel que sont le destin et le devoir. Qu'en déduire ?

Dans le monde d'aujourd'hui, qui pourrait complètement se passer d'interagir avec autrui ? Qui serait à même de tenir debout tout seul en s'appuyant uniquement sur son orgueil intérieur et sur ses aspirations personnelles ?

Une histoire illustre parfaitement ce propos, celle d'un émissaire qui avait été chargé d'inspecter l'enfer et le paradis. En descendant en enfer, il constata que les personnes qui y avaient été condamnées souffraient terriblement de la faim. Le visage cireux et émacié, elles n'étaient plus que l'ombre d'elles-mêmes et enduraient les pires souffrances à longueur de journée. Ne leur donnait-on donc rien à manger en enfer ? Si, elles avaient suffisamment à manger, mais la cuillère qui avait été placée entre les mains de chacun était impossible à manier du fait qu'elle mesurait un mètre de long. Cette cuillère avait beau être remplie de nourriture, les gens n'arrivaient tout simplement pas à la mettre à la bouche. Aussi, plus ils avaient envie de manger, plus leur cœur était mis au supplice, d'où la torpeur et les visages cireux et émaciés.

L'émissaire se rendit ensuite au paradis. Il y trouva des êtres resplendissants de santé, l'esprit alerte. Il se dit que, vraiment, les jours coulaient heureux au paradis. Puis il vit une chose qui le stupéfia : les personnes qui vivaient au paradis pouvaient manger exactement la même chose que celles vivant en enfer, et chacune s'était également vu placer une cuillère d'un mètre de long entre les mains.

Comment se faisait-il, alors, que les gens au paradis étaient si heureux ? Le secret était très simple : les gens au paradis s'entraidaient en se tenant mutuellement les cuillères, tandis que ceux de l'enfer continuaient à vouloir fonctionner tout seuls, d'où leurs souffrances.

Cette histoire est à l'image de nos sociétés : nous tenons tous une cuillère d'un mètre de long à la main. Cette cuillère, ce sont les règles qui régissent la société et que nous devons observer, c'est le cadre qui régit nos relations.

Voilà pourquoi le concept de « transformation extérieure » est aussi important. Parce que lorsque vous aidez autrui à manger avec une cuillère d'un mètre de long, ce à quoi votre cœur est fidèle se matérialise en une forme tangible. Ce n'est qu'en s'entraidant qu'on peut véritablement ressentir de la joie.

Tchouang-tseu prône l'adaptation au monde extérieur. Et dans cette démarche indispensable, l'homme rencontre un défi encore plus grand : celui du langage.
Le langage est le premier outil avec lequel les hommes communiquent. À quoi devons-nous faire attention lorsque nous parlons ? Que pouvons-nous dire ? Que devons-nous taire ?

Parler : voilà un art bien difficile. En effet, à trop parler on s'expose à commettre des erreurs. Une fois de plus, Tchouang-tseu se sert de Confucius pour faire passer son message : en ces temps reculés, les échanges diplomatiques entre deux pays pouvaient s'effectuer selon deux modalités. Soit l'autre pays était géographiquement éloigné et on envoyait un émissaire ; soit l'autre pays était géographiquement proche et on procédait par échange épistolaire. Quelle que soit la modalité choisie, une chose était sûre néanmoins : confiance et sincérité devaient régir les relations.

Quel type de message était le plus difficile à transmettre ? Tchouang-tseu nous explique que « celui qui transmet les paroles de joie et les paroles de colère des deux parties aura certes une des tâches les plus difficiles au monde » (chapitre IV, « Le monde des hommes »). Effectivement, il est fort délicat de transmettre les paroles de joie ou de colère que s'adressent mutuellement deux princes. Les paroles de joie, l'émissaire serait enclin à les embellir ; les paroles de colère, l'émissaire serait enclin à les entacher. Or, des paroles visiblement déformées mettraient leur porteur en grand péril.

Mais alors, comment faire pour ne pas déformer les paroles ? Selon Tchouang-tseu, il est nécessaire de « transmettre des paroles raisonnables, ne pas transmettre des paroles exagérées ». Autrement dit : tout simplement transmettre les paroles, sans enjoliver ni dramatiser. Le langage doit demeurer circonspect.

Voici une légende populaire venue d'Afrique :

Un vieux chef de tribu en était arrivé au moment où il devait céder sa place. Il lui fallait donc trouver un jeune homme plein de sagesse pour reprendre le flambeau. Comment le chef de tribu s'y prit-il pour tester la sagesse des prétendants à sa succession ?

De fait, il avait déjà repéré un jeune homme pour lequel il avait beaucoup d'estime. Il lui dit : « Prépare-moi deux plats. Si j'ai plaisir à manger ces plats, s'ils correspondent à mes goûts, c'est à toi que je passerai le flambeau. Pour le premier plat, recherche les meilleurs ingrédients qui puissent exister au monde et prépare-les pour moi. »

Le jeune homme prépara le premier plat et le lui servit. Le chef de tribu souleva le couvercle et regarda : le jeune homme avait cuisiné une langue. Le chef de tribu lui demanda : « Pourquoi avoir choisi de cuisiner la langue d'un animal ? » Le jeune homme lui répondit : « Parce que en ce bas monde les paroles les plus belles sont celles qui sont prononcées, il n'existe rien de plus beau que la langue. » Le chef de tribu acquiesça et mangea le plat.

Puis il dit au jeune homme : « Pour le second plat, recherche les pires ingrédients qui puissent exister au monde et prépare-les pour moi. » Le jeune homme s'exécuta de nouveau. Le chef de tribu souleva le couvercle et regarda : le jeune homme avait de nouveau cuisiné une langue.

Le chef de tribu lui demanda : « Pourquoi avoir encore une fois choisi de cuisiner une langue ? » Le jeune homme lui répondit : « Parce que en ce bas monde les pires malheurs sont provoqués par des paroles malencontreuses, il n'existe rien de plus laid que la langue. » Le chef de tribu lui dit : « Je vois que tu as très bien compris comment fonctionne le monde. C'est à toi que je transmettrai le flambeau. »

Cette légende vient merveilleusement faire écho

aux propos de Tchouang-tseu : « Transmettre des paroles raisonnables, ne pas transmettre des paroles exagérées. »

Comment faire pour que la langue ne devienne pas un instrument au service de l'hypocrisie et, débiteur de paroles mielleuses, ne serve pas à tenir des discours vains et mensongers pouvant mener aux pires catastrophes ? Il n'y a qu'une solution : il faut « transmettre des paroles raisonnables », simplement dire les choses telles qu'elles sont.

Nous faisons aujourd'hui face à un très grand dilemme : comment vivre dans un monde éternellement changeant tout en restant nous-mêmes ?
Si nous ne concentrons pas notre esprit, nous nous laissons emporter au gré des vagues et des courants, et nous nous perdons nous-mêmes. Mais si nous persévérons dans notre voie, obstinés, indociles, c'est la société qui ne nous tolère pas.
Dans ce cas, comment atteindre la paix du cœur ? Comment parvenir, ainsi que le préconise Tchouang-tseu, à rester fidèle à son cœur et en même temps à s'adapter au monde extérieur ?

Le chapitre VI, « L'école du premier principe », relate l'expérience d'un homme ayant atteint un grand âge et qui pourtant avait conservé l'apparence d'un petit enfant. Plus d'un en était étonné, et quelqu'un lui demanda un jour : « Pourquoi avez-vous l'air si jeune ? »

Le vieil homme répondit qu'il avait compris le Tao. Que, pour pénétrer le Tao du Saint, il fallait se doter d'une grande persévérance. Et que cette persévérance, pour atteindre la compréhension, passait par sept étapes : « Voici comment j'ai procédé. Au bout de trois jours, j'avais oublié le monde. Je m'obstinai et, sept jours plus tard, j'avais réussi à oublier les choses. Une fois les choses oubliées, je restai sur ma lancée et, neuf jours plus tard, j'avais oublié l'existence. L'existence oubliée, je pus m'orienter vers la profondeur. Une fois orienté vers la profondeur, j'eus la vision de l'unique. Ayant obtenu la vision de l'unique, passé et présent disparurent. Une fois passé et présent disparus, j'entrai dans un état où la mort et la vie n'existent plus. »

Considérons d'abord la première étape, celle qui consiste à « oublier le monde », autrement dit à oublier tous les usages du monde qui nous tiennent prisonniers. Le logement, par exemple, et la nourriture : suis-je confortablement logé ? Ai-je accès à des mets raffinés ? Tout cela n'est finalement que de peu d'importance et ne doit pas occuper une place démesurée dans notre esprit. Si vous acceptez l'idée que tous ces éléments extérieurs à vous, y compris les règles de vie en société et tout le relationnel humain qui les accompagne, n'ont qu'une place mineure dans votre esprit, alors vous vous tenez éloigné des usages du monde, et donc de nombre de règles et de normes contraignantes. Tel est l'objectif de la première étape.

La deuxième étape, c'est celle qui consiste à « oublier les choses », autrement dit à se dépouiller tant que faire se peut des considérations matérielles.

« Oublier les choses » : voilà qui n'est pas simple. Il sera par exemple bien difficile de renoncer à la gourmandise. Il existe ainsi un poisson particulièrement apprécié : le tétraodon, ou poisson-globe. Chacun sait que, mal apprêté, il peut devenir très toxique voire s'avérer fatal à celui qui le consomme. Celui qui pourtant prend ce risque a-t-il songé à l'inquiétude de ses proches ? A-t-il conscience du fait qu'il n'a qu'une vie ? A-t-il pensé aux choses qui l'attendent demain ? Ce n'est certes pas en agissant ainsi qu'on peut « oublier les choses ». Tchouang-tseu décrit cette deuxième étape comme celle où il est nécessaire d'écarter les considérations matérielles de son cœur.

La troisième étape est plus difficile à cerner : « oublier l'existence », autrement dit transcender la vie et la mort. Transcender la vie et la mort, ce n'est pas négliger son existence ou ne pas attacher de prix à sa vie. Il s'agit plutôt d'accepter les lois de la nature, d'être calme et à son aise, simple et gai, de vivre au présent, d'apprécier chaque instant, de traverser sereinement l'existence.

La quatrième étape est celle où l'on « s'oriente vers la profondeur » : tout devient limpide en soi, l'âme pénètre les profondeurs. Lorsque vous avez réussi à vous détacher de toute chose, votre esprit commence à se vider. Chacun sait qu'une maison spacieuse fera entrer plus de lumière, qu'une pièce propre et ordonnée sera plus claire, que « du vide de l'esprit jaillira la lumière » (chapitre IV, « Le monde des hommes »). Voilà un horizon de douceur et de félicité.

La cinquième étape, c'est celle où l'on a « la vision de l'unique ». L'unique, c'est le grand Tao du Ciel et de la Terre. « Avoir la vision de l'unique », c'est réussir à pénétrer ce monde spirituel qu'est la vérité du Ciel, de la Terre et des dix mille êtres. L'extraordinaire méli-mélo des dix mille choses et des dix mille êtres n'a plus aucun secret pour vous. Désormais, vous n'observez plus les choses à partir d'un angle isolé. Votre pensée devient lucide et transparente.

À la sixième étape, « passé et présent disparaissent » : vous êtes capable de traverser le long fleuve qui sépare le passé du présent, vous ne connaissez plus ni limite ni séparation dans le temps.

Prenons les paroles de Tchouang-tseu, de Confucius, ces philosophes des temps anciens, d'avant la fondation de l'Empire chinois. Lorsque Confucius écrit, dans *L'Invariable Milieu* : « Le chemin n'est pas éloigné de l'homme », nous ressentons tous, même des siècles après, la douceur que procure cette certitude. Leur vérité d'alors n'a pas pris une ride : elle s'applique pareillement à nous qui vivons aujourd'hui. Les vers que les hommes de lettres nous ont laissés à travers les âges continuent de nous émouvoir ; voilà aussi ce que signifie : « Passé et présent disparaissent. »

Une fois que notre existence s'est imprégnée de l'enthousiasme des Anciens, s'est identifiée aux bienfaits distribués par le Ciel et la Terre, nous pouvons enfin atteindre la septième étape : celle où l'on « entre dans le domaine où la mort et la vie n'existent plus », où l'on atteint une forme de vie éternelle.

L'existence ne s'arrête pas avec la disparition physique, de même que notre matérialité physique n'est pas une négation de l'essence même de notre existence : voilà l'« état où la mort et la vie n'existent plus » de Tchouang-tseu.

Il ne faut surtout pas croire que les taoïstes ne font que prôner la liberté de l'esprit et vivre affranchis de toute règle. Les taoïstes ne font pas que humer le vent et boire la rosée, refuser de manger les cinq céréales, vagabonder entre le Ciel et la Terre : ils sont comme vous et moi.

En nous appelant à « nous transformer extérieurement sans nous transformer intérieurement », Tchouang-tseu nous invite à élever peu à peu notre esprit et à écarter les pensées hétéroclites de notre cœur, afin qu'au plus profond de nous-mêmes nous nous restions fidèles. En ce qui concerne le monde extérieur, Tchouang-tseu nous enjoint à la tolérance du cœur et à une lucidité éclairée pour nous adapter aux circonstances et ne pas toujours être en opposition avec le monde. Ainsi, nous pourrons davantage apprécier chaque instant de notre vie, profiter sereinement du temps qui nous est imparti sur cette planète. Évitant conflits et oppositions, nous pourrons atteindre cet horizon de vie naturel et propre à nous-mêmes, en harmonie avec le Tao, le Ciel et la Terre.

8.

Nature de l'homme et nature des choses

Pour Tchouang-tseu, l'horizon le plus noble auquel l'homme puisse aspirer est le voyage libéré de toute contrainte. La vraie nature de l'homme, son tempérament, ne connaît intrinsèquement ni entraves ni contraintes. Quand cette véritable nature se révèle et se libère, on peut espérer atteindre cet horizon.

Notre tempérament ne doit pas être forcé, contrôlé de l'extérieur. C'est seulement en suivant sa vraie nature qu'on trouve le bonheur et la joie !

Les Chinois connaissent tous cet horizon élevé également appelé « voyage sans contrainte » (*xiao yao you*) dont parle Tchouang-tseu. Ce concept sert même de titre au chapitre I, « Voyager sans contrainte ».

You, terme que Tchouang-tseu utilise beaucoup, signifie « voyage », « voyager », « vagabonder ». Ainsi, il dit qu'entre le Ciel et la Terre l'homme doit atteindre l'horizon par lequel, « en se conformant aux choses extérieures, le cœur peut voyager ». En quoi consiste donc ce voyage ?

Le chapitre XI du *Tchouang-tseu* intitulé « Laisser faire et tolérer » contient l'histoire suivante :

Le Général des Nuages effectuait un voyage d'agrément dans l'Est quand, venant juste de passer l'arbre aux cyclones, il rencontra Vaste Ignorance. Naturellement rempli de vigueur et innocent comme l'enfant qui vient de naître, le vieil homme était tout à sa joie, se frappant les cuisses et sautillant de-ci de-là comme un oiseau.

Le Général des Nuages lui demanda : « Père, qui êtes-vous et que faites-vous là ?

— Je vagabonde, répondit Vaste Ignorance sans cesser de se frapper les cuisses et de sautiller de-ci de-là comme un oiseau.

— J'aimerais vous poser une question.

— Ah ! lui répondit très simplement Vaste Ignorance, levant la tête vers lui avec la candeur d'un enfant.

— L'énergie du Ciel est sans harmonie, l'énergie de la Terre est refoulée, les six énergies naturelles sont en désordre, la succession des quatre saisons est déréglée. De toutes les choses du Ciel et de la Terre, il n'en est pas une pour être harmonieuse et en ordre. Je voudrais combiner l'essence des énergies du Ciel et de la Terre pour nourrir tous les êtres vivants, afin qu'ils puissent connaître le bien-être sous des conditions climatiques favorables. Cet idéal, que puis-je faire pour le réaliser ? »

Chose absolument incompréhensible, Vaste Ignorance ne cessa pas pour autant de se frapper les cuisses et de sautiller de-ci de-là comme un oiseau, tout en répondant néanmoins : « Je ne sais pas ! Je ne sais pas ! »

Le Général des Nuages en fut pour ses frais.

Trois ans plus tard, voyageant de nouveau dans l'Est, il rencontra de nouveau par hasard Vaste Ignorance, cette fois dans les contrées sauvages du pays de Song. Le Général des Nuages s'avança à grands pas vers lui d'un air recueilli et, l'appelant très respectueusement « Ciel », il lui demanda : « Vous souvenez-vous de moi ? Enfin je vous retrouve. Cette fois, vous devez absolument répondre à ma question. »

Vaste Ignorance lui répondit : « Je vogue entre le

Ciel et la Terre, sans savoir ce que je cherche. Je n'en fais qu'à ma tête, libre comme l'air, je vais sans but précis. Tout ce que je sais, c'est qu'en vagabondant de long en large à travers la grande diversité du monde j'observe les dix mille êtres qui vivent entre le Ciel et la Terre. Comment pourrais-je connaître une quelconque vérité ? »

Puis, sur l'insistance du Général des Nuages, quittant enfin son air mutin, Vaste Ignorance énonça une vérité très simple, venue tout droit du cœur : « La santé de l'esprit », c'est-à-dire « préserver son esprit ».

Les gens sont en général sensibles à leur santé, et l'expression « préserver son corps » (*yang sheng*), « ménager sa vie », est couramment utilisée en Chine. Il n'en va pas de même de son pendant, « préserver son esprit » (*yang xin*). « Préserver son esprit », c'est faire que notre cœur soit dirigé par un fil conducteur, qu'il saisisse ce qu'il voit, qu'il possède la vérité première du Ciel et de la Terre, qu'il ait les aspirations les plus authentiques et les plus pures quant à l'existence, qu'il puisse s'épanouir selon sa nature et qu'enfin il nous aide à bien nous connaître. Toutes les choses, petites ou grandes, sont concernées par la santé de l'esprit.

Vaste Ignorance poursuivit : « Renoncez à votre corps, débarrassez-vous de votre ouïe et de votre vue, oubliez le monde extérieur, écartez les êtres et les relations que vous avez avec eux. Plongez votre corps dans la nature, utilisez votre âme et votre esprit pour ressentir tout ce que la nature vous donne. Lorsque vraiment vous suivez la nature, votre cœur peut s'envoler et se libérer. Voilà qui s'appelle relâcher son cœur et libérer son esprit. »

Comment faire pour parvenir à l'état de Vaste Ignorance, pour, nous aussi, nous frapper les cuisses en sautillant de-ci de-là, vivre avec l'innocence de l'enfance et profiter d'une liberté sans contrainte ? Voici la réponse de Tchouang-tseu : l'homme doit libérer sa vraie nature s'il veut atteindre l'horizon où le voyage est sans contrainte.

Mais nous qui vivons au XXIe siècle, entre la pression de la vie quotidienne et les divers rôles que la société des hommes nous demande de jouer, songeons-nous encore à nous interroger sur le véritable ressenti de notre cœur ? Notre tempérament n'est-il pas d'ores et déjà asservi au point que nous ne sachions même plus qui nous sommes réellement ?

En intégrant la société, en acceptant les rôles que celle-ci a définis pour nous, en acceptant de nous ruer sur les honneurs et les richesses, nous nous sommes imposé des entraves.

Dans le processus de libération, personne ne pourra vous aider. Vous serez seul à pouvoir libérer votre esprit et votre âme : tout devra couler de source, naturellement. Et le jour où les dix mille êtres vivants qui peuplent le monde auront réussi à se désentraver, retrouvant ainsi chacun ses racines, il n'y aura plus personne pour se créer un personnage, plus personne pour agir sous la contrainte. Une fois tout ce qui nous enchaîne disparu, ce monde ne sera plus qu'une vaste prairie grasse et verdoyante.

À l'approche des jours fériés, beaucoup de parcs en Chine connaissent une grande frénésie : les jardiniers s'attaquent aux arbustes pour les toiletter :

il s'agit de redonner à chacun la forme d'un animal, pour le plus grand plaisir des visiteurs. Le phénomène ne cesse de me laisser perplexe : une plante n'est pas un animal, et nous n'avons nul besoin de forcer un animal à se transformer en plante. Alors, pourquoi vouloir imposer à une plante de prendre l'apparence d'un animal ?

De fait, ce n'est pas tant que notre société d'abondance n'est pas suffisamment belle, c'est plutôt que la conception actuelle de la beauté est trop empreinte d'artifices et de normes sociales. Nous avons de moins en moins facilement accès à la nature et ne savons plus ce qu'est le bonheur de se frapper les cuisses en sautillant de-ci de-là comme un oiseau.

Comment mener une existence enrichissante ? Vaste Ignorance dit au Général des Nuages : « Les dix mille êtres si différents retrouveront chacun leur racine ; chacun retrouvera sa racine sans le savoir. Dans le Chaos primitif, elle ne le quittera jamais ; s'il la connaît, alors elle le quittera. Ne pas leur demander leur nom, ne pas chercher à savoir ce qu'ils sont ; tous les êtres naissent et grandissent dans la nature. »

Les dix mille êtres sont si différents. Chacun devrait pouvoir retourner à son tempérament. Celui qui ne recherchera pas les arrangements jamais ne se départira de son tempérament. A contrario, celui qui recherchera les arrangements se défera de son tempérament. Surtout ne pas interroger les dix mille êtres sur leur appellation, surtout ne pas chercher à explorer leur vérité. Que chacun grandisse en toute liberté en ce monde, que chaque existence prenne naturellement son essor. Telles sont les conditions pour que le Ciel et la Terre soient en harmonie.

Nous nous sommes tellement éloignés de cet horizon. Nous avons pris l'habitude de trop questionner, de chercher à explorer, oubliant en chemin notre propre tempérament.

Voici l'histoire de la grenouille et du mille-pattes :

Une grenouille ayant observé un mille-pattes en plein déplacement lui demanda, piquée de curiosité : « Regarde-moi, j'ai quatre pattes qui se partagent le travail, deux devant et deux derrière ; grâce à elles, j'avance en faisant des bonds. Mais toi, j'ai beau te regarder, je ne comprends pas comment tu fonctionnes ; de tes mille pattes, laquelle avance en premier ? »

Saisi par la question, le mille-pattes s'arrêta net, incapable d'aller plus avant.

Il lui répondit : « Ne pose plus jamais cette question, ni à moi ni à n'importe quel autre mille-pattes que tu rencontreras. Je ne sais pas quelle patte avance en premier. Dès que je commence à y réfléchir, plus aucune de mes pattes ne veut bouger. Je reste alors là, incapable d'avancer. »

Cette histoire illustre parfaitement bien notre vie. Pensez-y : tant de fils s'enchevêtrent dans nos existences, peut-être plus nombreux que les pattes du mille-pattes. Notre quotidien, le travail, les amis, les membres de notre famille, du plus âgé au plus jeune, les collègues, de notre responsable hiérarchique à tous nos collègues, tous ensemble se sont petit à petit agglomérés pour former un filet qui organise notre vie ; quel espace nous reste-t-il alors pour réfléchir ?

« L'homme pense, Dieu rit », dit un proverbe juif. Peut-être Dieu rit-il de nous parce que nous n'avons pas voulu laisser faire la nature, pourtant gage d'authenticité.

Voilà pourquoi Tchouang-tseu dit : « Celui qui possède une grande chose ne doit pas chercher à la gouverner » (chapitre XI, « Laisser faire et tolérer »). Quand on a, à portée de main, le vaste monde entre Ciel et Terre, il ne faut pas se laisser posséder, contrôler par les choses extérieures. Inutile de s'attacher à la forme, inutile de vouloir forcer ; il faut suivre sa nature. Voilà la ligne de conduite que nous indique Tchouang-tseu.

Certes, Tchouang-tseu préconise de suivre sa nature. Mais la société nous impose quantité de critères et de règles qui encadrent nos actes et nos paroles au quotidien – sans parler des honneurs et des richesses juste là, sous nos yeux, tellement aguicheurs.
Quelle attitude adopter face aux tentations, comment réduire notre égarement pour que nos dispositions naturelles demeurent parfaitement authentiques et limpides ?

« Depuis le temps des Trois Dynasties, en ce monde la nature de l'homme ne cesse d'être modifiée par quelque chose d'extérieur à elle-même » (chapitre VIII, « Pieds palmés »). Cette phrase émouvante, Tchouang-tseu l'a écrite en parlant des valeurs érigées au rang de règles par nos sages.

Les trois dynasties, ce sont celles de Yao, Shun et Yu. Après elles, toutes les sociétés humaines sans exception cherchèrent à imposer des critères extérieurs aux hommes dans le but de modifier leur tempérament.

Apportant des précisions, Tchouang-tseu poursuit : « L'homme du commun est prêt à payer de sa personne pour de l'argent, le noble est prêt à payer de sa personne pour son honneur, le haut dignitaire est prêt à payer de sa personne pour la gloire de sa famille, le saint est prêt à payer de sa personne pour son royaume. »

Si tous sont prêts à renoncer à la vie, ils n'inspireront néanmoins pas les mêmes réactions. Ainsi est jugé bien méprisable l'homme du commun qui met sa vie en jeu par simple appât du gain. On estimera normal que le noble se sacrifie pour sauver son honneur. Tout le monde trouvera très bien que le haut dignitaire se sacrifie pour l'intérêt de son clan. Enfin, le geste du saint qui se sacrifiera pour la stabilité du monde sera considéré comme sublime.

Or, Tchouang-tseu ne voit aucune différence entre ces personnages : « Si tous les hommes ont des occupations et des titres différents, ils s'accordent néanmoins pour blesser leur nature et sacrifier leur vie. » Car, quelle que soit la personne concernée, il n'est pas acceptable que « la nature de l'homme ne cesse d'être modifiée par quelque chose d'extérieur à elle-même ».

Tchouang-tseu nous explique que ce monde est peuplé de tentations et d'égarements, et qu'« un petit doute modifiera l'orientation de l'homme, un grand doute modifiera sa nature ».

Ces deux assertions méritent réflexion.

Égarement, tentation, perplexité, incertitude : autant de déclinaisons du doute. Ce doute existe depuis que le monde est monde, mais jamais le Ciel et la Terre n'en avaient autant été inondés qu'en ce début de XXIe siècle !

Un petit doute pourra modifier l'orientation de notre existence. Prenons l'exemple des adolescents qui se présentent à l'examen d'entrée à l'université. Dans le formulaire d'inscription, il leur est demandé d'indiquer leurs souhaits. L'un dira : « J'ai envie d'étudier la physique ; les mystères de l'Univers, les astres, les trous noirs, tout cela m'intéresse. » Mais voilà qu'interviennent ses parents : « Est-ce que tu crois vraiment que tu arriveras à bout de tant de théories ? Inscris-toi plutôt en gestion-finance, comme ça plus tard tu gagneras bien ta vie. » Un autre dira : « J'aimerais écrire de la poésie plus tard, j'aimerais donc intégrer un département de lettres classiques. » Et les parents de s'inquiéter : « Mais tu n'y es pas. Jamais tu ne pourras vivre de tes poèmes. Inscris-toi plutôt en droit, tu gagneras plein d'argent quand tu seras avocat. » Voilà qui s'appelle « modifier l'orientation de l'homme » : un but utilitaire et prétendument réaliste prend le dessus sur l'idéal qui habitait le cœur.

Voilà pour le petit doute. Mais le grand doute, lui, est capable de modifier notre nature, dans la mesure où nous nous retrouvons alors à agir dans un sens absolument contraire à notre tempérament. Le manque de loyauté, le manque de piété filiale, le manque de droiture : pourquoi tout cela ? Parce que lorsqu'on est aveuglé par la soif de profit, quand l'intérêt prend ainsi le dessus sur la sagesse, le cœur n'est plus habité par une sagesse éclairante, lucide. Notre égarement modifie alors nos dispositions naturelles.

Un jour, un homme s'était retrouvé en possession d'un arc exceptionnel. Fabriqué dans un vieux morceau de santal rouge, il était en bois plein et tout à la fois solide et flexible : son maniement était exceptionnel.

L'homme était tombé en pâmoison devant son arc. Mais, dans le même temps, il estimait qu'il n'était pas assez beau, trop sobre. Il demanda donc au plus habile artisan du pays de l'agrémenter d'une scène de chasse.

L'artisan déploya tout son talent pour graver cette scène de chasse, et force fut de constater que le résultat était au rendez-vous : la scène ainsi gravée était d'une vraisemblance frappante. On distinguait des chevaux en pleine course à la poursuite du gibier, des cavaliers tirant des flèches avec leur arc, le soleil et le paysage ; rien n'y manquait. De magnifiques fioritures venaient compléter le tout, gravées sur toute la surface restante de l'arc.

L'homme était ravi du résultat : son arc était désormais parfait. Il s'en empara, positionna une flèche, tira avec énergie la corde à lui. Et, patatras, l'arc se brisa : l'excès de fioritures, en fragilisant son bois, avait eu raison de lui.

L'arc était certes devenu magnifique, mais ce qui faisait sa force avait été sacrifié sur l'autel de la beauté. Combien de fois nous-mêmes ne sacrifions-nous pas nos dispositions naturelles sur l'autel des apparences ? Voilà qui s'appelle perdre de vue l'essentiel pour s'attacher aux détails.

Sommes-nous vraiment différents de cet arc ? Peut-être étions-nous une meilleure personne à l'origine mais, n'ayant pas voulu reconnaître nos dispositions premières dans la vie, nous n'arrivons plus désormais à retrouver dans notre cœur les aspirations simples qui étaient les nôtres avant qu'elles ne soient recouvertes de fioritures. Nous faisons souvent des choses qui blessent notre nature et affectent notre vie.

L'appât du gain éloigne l'homme de sa nature première, le rendant esclave des possessions matérielles.
Le désir de l'homme est sans limites. Lorsqu'une personne se tient éloignée de sa véritable nature, et qu'atteinte de frénésie elle est lancée à la poursuite des gains matériels, la catastrophe n'est jamais très loin.
L'homme devrait respecter la nature de son cœur, il ne devrait lui imposer ni entraves ni fioritures extérieures. Ainsi seulement pourra-t-il ne pas se perdre lui-même.

Un chiot dit un jour à sa mère : « Un ami m'a lancé un défi. Il m'a dit que si je réussissais un seul et unique exploit, je pourrais atteindre le bonheur le plus pur, la joie la plus profonde. Cet exploit, c'est de réussir à attraper ma propre queue. Or, j'ai beau me trémousser et sautiller dans tous les sens pour essayer d'attraper ma queue, rien n'y fait, je n'y arrive pas. Maman, est-ce que cela ne veut pas dire que jamais dans la vie je ne pourrai connaître la joie et le bonheur ? Comment se fait-il que je n'arrive même pas à attraper ce qui se trouve sur mon propre corps ? »

La mère du chiot rit : « La joie et le bonheur sont comme ta queue – lorsque tu n'es pas en train de chercher à l'attraper, tu avances et elle t'accompagne partout où tu vas. Pourquoi veux-tu absolument pouvoir l'attraper ? Oublie-la tout simplement ! »

Il ne sert à rien d'établir un rapport de forces avec ce que l'on possède déjà. La queue du chiot fait partie intégrante de son corps. Quand il avance, elle l'accompagne. De même, le bonheur et la joie sont partie intrinsèque de la vie. Quand on veut les forcer, quand on se lance à leur poursuite, souvent on ne les attrape pas. Mais lorsqu'on vit l'existence la plus authentique qui soit, le bonheur et la joie vous accompagnent toujours. Cela s'appelle libérer son esprit de tout objectif.

Tchouang-tseu n'a jamais préconisé de forcer sa nature, ni de se créer un personnage. Il souhaite ardemment que toutes les existences soient à l'image de celle des plantes qui se développent vigoureusement et des animaux qui vivent si heureux entre le Ciel et la Terre, et qu'elles se réalisent en ce monde sous la forme d'un retour à l'authenticité.

Tchouang-tseu considère que notre cœur doit être tel un miroir (chapitre XIII, « La voie du Ciel ») : « Si l'eau est calme et limpide, que ne peut-il en être de l'esprit ? Qu'il est tranquille, l'esprit du saint ! »

Quand l'eau peut-elle refléter le Ciel, la Terre et les dix mille êtres ? Uniquement lorsqu'elle est au calme. Pensez-y : si l'eau coule à torrent, peut-elle se

Yang Changhuai

Yang Changhuai

faire miroir ? Lorsque notre cœur est impétueux comme une mer en furie, lorsque les vagues ne cessent de déferler, les dix mille êtres peuplant le monde ne peuvent se refléter à l'intérieur de notre cœur.

Comment pénétrer la vérité première de ce monde ? Avec un cœur tranquille, aussi tranquille que la surface d'un miroir d'eau, qui deviendra « le miroir du Ciel et de la Terre, le miroir des dix mille êtres ».

Doté d'une telle disposition, le cœur ni ne cherche à complaire aux dix mille êtres ni ne les rejette. Il ne fait que les recevoir, les réfléchir, les refléter, tranquillement, sereinement.

Lorsque notre esprit conserve cette attitude, c'est avec la plus grande lucidité que nous voyons le monde, mais aussi nous-mêmes.

Qu'est-ce qu'un miroir ? Rien d'autre qu'une plaque de verre. Où, alors, est la différence entre un miroir et une plaque de verre ? Dans le fait que le miroir comporte une très fine couche de mercure.

Avec une plaque de verre sans mercure, vous ne pourrez voir que le monde extérieur. Mais si une fine couche de mercure vient par ailleurs s'interposer, vous pourrez vous voir vous-même et voir en même temps le monde.

Notre cœur devrait toujours contenir cette fine couche de mercure qui transformerait en miroir le verre placé devant nos yeux, pour voir non seulement le monde extérieur mais aussi l'intérieur de notre cœur ; que ce miroir du Ciel et de la Terre reflète également notre nature intrinsèque.

Tchouang-tseu ne cesse de répéter que le cœur

doit demeurer fidèle à sa nature, qu'il doit refuser les entraves qui limitent son champ d'action et le moule que veut lui imposer l'extérieur.

Dans le chapitre IX, « Sabots de chevaux », il est dit : « Les chevaux ont des sabots qui peuvent fouler le givre et la neige ; ils ont un pelage qui les protège du vent et du froid. Ils broutent l'herbe, boivent de l'eau, lèvent leurs pattes et sautent. Telle est la véritable nature des chevaux. Ils ne sauraient que faire de carrousels et de vastes écuries. »

Malheureusement pour eux, Bo Le fit son apparition. « Je sais dresser les chevaux », dit-il. Comment s'y prit-il ? Il leur rasa le pelage, il rabota et marqua leurs sabots, il les brida en leur imposant un mors, puis il les attacha et entrava leurs pattes dans une écurie. À l'issue de ce traitement, deux ou trois chevaux sur les dix dont il s'occupait étaient morts.

Mais Bo Le ne s'en tint pas là : il avait décidé de les dresser ! Il les fit souffrir de la faim et de la soif, il les fit trottiner et galoper, il les aligna et les disciplina. Il tortura leur bouche avec le mors et cingla leur croupe avec la cravache. À l'issue de ce traitement, plus de la moitié des chevaux étaient morts.

Ici Tchouang-tseu nous propose un jugement de valeur inédit. Si l'on se place du point de vue de la société et de ses besoins, on pourrait effectivement penser que Bo Le est un découvreur de talents et un dresseur de chevaux hors pair. Pourtant Tchouang-tseu estime, lui, que Bo Le est le plus grand des criminels, dans la mesure où il s'attaque de plein fouet à la nature même du cheval. En effet, en s'y opposant, il assassine la joie qui devrait l'habiter.

Pour Tchouang-tseu, cette façon de ciseler l'autre, d'organiser sa personne, va complètement à l'encontre de l'intention première de la nature. Chaque existence est en droit d'exiger le respect, d'en bénéficier. Chaque existence a le droit de s'épanouir selon la nature qui est la sienne.

Voilà pourquoi Tchouang-tseu nous dit : « L'homme à l'ouïe fine n'entend pas l'autre mais lui-même ; l'homme à la vue perçante ne voit pas l'autre mais lui-même » (chapitre VIII, « Pieds palmés »). Autrement dit, l'homme à l'ouïe fine n'entend pas nécessairement tous les sons de la Terre, mais une chose est sûre : il entend le son qu'il émet. L'homme à la vue perçante ne voit pas nécessairement toutes les choses de la Terre, mais une chose est sûre : il se voit lui-même.

L'homme à l'ouïe fine et à la vue perçante n'utilise pas ces atouts en direction du monde extérieur. Il apaise son cœur pour découvrir les aspirations les plus profondes de son existence.

Un nourrisson n'aura pas les mêmes valeurs que nous. Je me souviens d'avoir observé une fois un nourrisson de six ou sept mois. Il était entouré de jouets tous plus beaux les uns que les autres : magnifiques cubes de bois, ours en peluche adorables, train électrique, en veux-tu en voilà. Or, rien de tout cela ne semblait accrocher son regard. En lieu et place, il était absorbé par une bouteille vide qu'il tenait entre ses mains et ne cessait de faire tourner dans tous les sens.

Ne prenant en compte que ses propres valeurs, son père ou sa mère lui dit avec enthousiasme : « Regarde comme cette poupée qui chante est adorable ! Regarde comme ce petit train est mignon ! Et comme ce jeu éducatif est bien fait ! Cette bouteille est bonne à jeter ; donne-la-moi, on ne joue pas avec ça. »

Cette bouteille était-elle vraiment bonne à jeter ? Pour l'enfant, jouer avec elle était sa façon à lui de développer son intelligence, de s'amuser, alors que tous ces jouets chers, splendides et éducatifs n'étaient pour lui que camelote bonne à jeter.

À bien y songer, en tant que parents, combien sommes-nous à avoir véritablement respecté nos tout-petits ? Nous pensons systématiquement que les enfants doivent être instruits et dirigés par les adultes, sans imaginer un instant qu'un nourrisson puisse avoir sa propre conception de la joie.

Tout objet est susceptible de devenir jouet entre les mains d'un enfant. Tout ce qui l'intéresse lui procure automatiquement de la joie.

> *Mais en ce monde complexe et tumultueux, comment rester connecté avec son esprit et découvrir sa vraie nature ? Tchouang-tseu estime qu'un cœur détaché et en paix nous permettra de conserver une attitude distante et naturelle à l'égard des événements. Notre cœur demeurera ainsi sain et égal dans la durée.*

Le fait est qu'à l'égard des hommes, des chevaux, des plantes, bref, de tout ce qui nous entoure, mais aussi de nous-mêmes, notre cœur ne sait pas faire preuve de cette contemplation qui nous amènerait pourtant à respecter la véritable nature des objets nous entourant.

Un menuisier dans le feu de l'action avait lancé son bras en l'air, et d'un geste un peu trop enthousiaste éjecté au loin la montre qu'il avait au poignet. Il eut beau fouiller partout parmi la sciure et les copeaux de bois qui jonchaient le sol, rien n'y fit : la montre demeurait désespérément introuvable. Ses apprentis s'y étaient mis aussi : l'union ne fait-elle pas la force ? Ils continuèrent ainsi à fouiller ensemble. Mais la pièce était dans un tel désordre, le sol était jonché d'un bric-à-brac indéfinissable : vraiment, il était impossible de s'y retrouver. La nuit s'était mise à tomber, et ils décidèrent d'un commun accord de remettre les recherches au lendemain.

Le fils du menuisier qui se trouvait là resta pour jouer dans l'atelier de son père. Il rentra peu de temps après, annonçant à celui-ci qu'il avait retrouvé la montre.

Très surpris, le menuisier lui demanda : « Mais il fait déjà si sombre, comment as-tu fait ?

Le petit garçon lui répondit : « Après le départ de tout le monde, je me suis retrouvé là tout seul dans le silence, et alors j'ai pu entendre son tic-tac. J'ai repéré d'où il venait, et j'ai retrouvé la montre parmi la sciure et les copeaux. »

Voilà une histoire du quotidien, petite par son côté anecdotique et pourtant grande par son enseignement : lorsque nous sommes happés par le tumulte et la complexité du monde extérieur, et que nous cherchons à atteindre un objectif dans la précipitation et la confusion la plus totales, nous n'arrivons souvent à rien.

L'innocence et la tranquillité du cœur d'un enfant lui ont permis de prêter une oreille attentive au son le plus infime. C'est dans un instant tel que celui-là que nous sommes à même de trouver ce que nous cherchons.

Encore une histoire :

Un énorme bloc de pierre était posé là, brut, grossier, encore non travaillé. Un sculpteur décida de l'attaquer pour en faire un beau visage de femme.

Assis aux côtés du sculpteur, un enfant le regardait travailler, tout étonné de voir comment, en maniant le burin, il parvenait à faire sauter l'un après l'autre de petits morceaux de pierre pour progressivement dégager de la roche un visage de femme pur comme le jade et net comme la glace.

Ses yeux brillaient de mille feux, sa bouche semblait prête à parler, ses joues éclataient de fraîcheur.

De manière très surprenante, l'enfant demanda au sculpteur : « Comment savais-tu qu'elle était cachée à l'intérieur ? Comment l'as-tu trouvée ? »

Le sculpteur lui répondit : « Je ne sais pas si elle était cachée à l'intérieur de la pierre, mais je sais qu'elle l'était au fond de mon cœur. Je n'ai fait que matérialiser dans la pierre le beau visage de femme qui se trouvait déjà en moi. »

Nous nous contentons de considérer notre travail quotidien comme un emploi, comme un simple outil. Nous ne cherchons absolument pas à y transplanter les aspirations et les rêves de notre cœur.

Nous refusons de considérer l'emploi que nous occupons comme un moyen qui nous est donné de réaliser la jonction entre notre existence et notre vie professionnelle.

Pourtant, cette jonction n'est pas une question de compétences purement techniques : elle relève entièrement des aspirations et des rêves nichés en notre cœur.

Pour ce faire, il faut du courage et de l'introspection. Chacun d'entre nous doit s'assurer de préserver la santé de son esprit pour que son cœur s'accorde avec sa nature, à l'instar de ce qu'écrit Tchouang-tseu au chapitre VII, « L'idéal de l'empereur et du roi » : « Fais voyager ton cœur dans le détachement le plus total, fais fusionner ton esprit dans le silence, conforme-toi aux êtres et à la nature sans faire preuve d'égoïsme : les hommes vivront alors en paix sur la Terre. »

Aujourd'hui, nous parlons de distance. Le terme semble presque désobligeant. Or, la distance prônée par Tchouang-tseu est celle qui s'accompagne d'un état d'esprit détaché, d'une attitude de paix. Lorsque le monde extérieur devient trop tumultueux et trop complexe, nous avons besoin d'un certain détachement et de paix. Lorsque notre cœur sait rester indifférent à l'égard des dix mille êtres qui peuplent ce monde, nous pouvons ne pas nous écarter du chemin qui est le nôtre.

Voici une petite histoire très intéressante, celle d'un roi qui avait reçu d'un de ses vassaux trois figurines en or. Celles-ci étaient absolument identiques, tant par leur forme que par leur poids. Le roi demanda : « De ces trois figurines, laquelle est la meilleure, la plus précieuse ? »

Sage et perspicace, un de ses ministres lui répondit : « Prenez un brin d'herbe, faites-le entrer par l'oreille de chacune des figurines et voyez où il ressort. Alors vous saurez. »

Dans le cas de la première figurine, le brin d'herbe fut introduit par l'oreille gauche pour ressortir par l'oreille droite. Dans le cas de la deuxième, le brin d'herbe fut également introduit par l'oreille gauche mais il ressortit par la bouche. Dans le cas de la troisième figurine, enfin, le brin d'herbe fut lui aussi introduit par l'oreille gauche mais il se dirigea ensuite vers le ventre pour ne plus en ressortir.

Le roi eut alors une révélation : « J'ai compris, c'est la troisième figurine qui est la plus précieuse ! »

Pourquoi donc ? Parce que cette courte histoire ressemble beaucoup à notre vie : dans ce monde extrêmement tumultueux, nous croulons sous les paroles, les informations, les histoires et toutes sortes de vérités. Toutes entrent par l'oreille gauche pour ressortir par l'oreille droite. Telle est la situation de la plupart d'entre nous : toutes ces paroles, ces informations, ces histoires et autres vérités ne transitent plus par notre cerveau. Voilà un premier groupe de personnes.

Le deuxième groupe de personnes relève du cas où le brin d'herbe ressort par la bouche : le moindre ouï-dire est répété, sans qu'on se soucie de vérifier d'abord son fondement.

Enfin, le troisième groupe de personnes est représenté par la figurine dans laquelle le brin d'herbe se dirige vers le ventre pour ne plus en ressortir : celles-là privilégient le silence. Si elles sont avares de paroles, ces personnes sont en revanche capables de discernement. Elles ont saisi leurs aspirations et savent discerner le vrai du faux. Elles ne s'enthousiasment pas à tout venant, ni ne cherchent à plaire. Adoptant une posture de silence, elles « font voyager leur cœur dans le détachement le plus total, font fusionner leur esprit dans le silence ».

Je suis persuadée qu'un monde spirituel véritablement clair, ouvert et solide ne pourra se développer qu'en accompagnement d'un corps proche de la nature, habitué à la frugalité, en bonne santé et plein de vie.

Laissons de côté tous les petits calculs mesquins, le tumulte, la recherche des succès rapides et des avantages immédiats, et remplaçons-les par une vision à long terme ainsi que par cette simplicité et cette indifférence que prône Tchouang-tseu. Ainsi nous saurons maintenir un cœur égal dans la durée.

Cette simplicité et cette indifférence ne sauraient effacer l'enthousiasme au centre de notre existence ; elles viendraient simplement consolider nos véritables sentiments pour les transformer en une force de vie solide et durable. Elles nous permettraient de rester connectés à notre nature intrinsèque.

La société ne devrait pas pouvoir intervenir pour modifier notre nature, car les dispositions naturelles de notre cœur ne devraient pas être contrecarrées. Chacun d'entre nous devrait clairement discerner les aspirations qui habitent son cœur pour suivre un chemin de vie authentique qui lui corresponde totalement. Dans la simplicité et l'indifférence, dans cette authenticité qui par définition ne s'oppose pas à nous, nous pourrons alors réaliser notre propre transformation en conformité avec le grand Tao du Ciel et de la Terre, pour in fine atteindre l'harmonie avec le Ciel.

9.

État d'esprit et manière d'être

La vie est si courte. Comment, dans le laps de temps qui nous est imparti sur cette planète, tirer le meilleur profit de nos talents ?

Tchouang-tseu nous explique que c'est l'état d'esprit d'une personne qui déterminera sa manière d'être au monde. Qu'est-ce qu'une bonne manière d'être ? Comment vivre notre vie de la meilleure façon possible ?

« *L'homme ne vit pas cent ans* et se fait du souci pour mille », dit un proverbe chinois.

Et Zhang Ruoxu (660 – env. 720) de compléter avec ces vers, extraits de son célèbre poème « Nuit de lune et de fleurs sur le fleuve au printemps » :

Les générations humaines se suivent sans trêve,
Mais le fleuve et la lune restent les mêmes, année après année.
Je ne sais qui le fleuve et la lune attendent,
Je vois seulement couler les eaux du Yangzi.

Pour parler simplement, une vie humaine dure à peu près cent ans. Une goutte d'eau dans l'océan du temps.

Au chapitre XXII, « Intelligence voyage dans le Nord », Tchouang-tseu emploie l'image suivante : « La vie de l'homme entre le Ciel et la Terre est comme un poulain blanc qui franchit une faille : un éclair, et c'est fini. »

Le temps qui nous est imparti est si limité. Comment pouvons-nous au mieux profiter de notre existence ? Quelle existence portera les plus beaux fruits ?

Sur cette question, Tchouang-tseu propose d'adopter l'attitude consistant à avoir une pleine compréhension de la vie.

C'est l'état d'esprit qui détermine la manière d'être, et face à l'existence nous devons tout d'abord adopter une attitude ouverte. C'est elle qui déterminera la qualité de notre existence. Qu'est-ce alors qu'une véritable attitude ouverte ?

Au chapitre XIX, « Avoir une pleine compréhension de la vie », Tchouang-tseu nous dit : « Celui qui comprend vraiment la vie ne se préoccupe pas de ce sur quoi sa nature ne peut influer ; celui qui comprend vraiment le destin ne se préoccupe pas de ce sur quoi son intelligence ne peut influer. »

Que signifie : « Celui qui comprend vraiment la vie ne se préoccupe pas de ce sur quoi sa nature ne peut influer » ? Que ceux qui ont saisi ce qu'est véritablement l'existence ne se lanceront pas à la poursuite de futilités. Autrement dit, il ne faut pas perdre le temps qui nous est imparti sur cette terre à courir derrière des choses qui n'ont pas de valeur dans l'existence.

Mais, demanderez-vous, pourquoi pensez-vous que je perdrais mon temps à courir après des choses sans valeur ? Tel est pourtant le cas : certains d'entre nous sont prêts à donner beaucoup d'eux-mêmes au nom de leur réputation, tandis que d'autres reprennent à leur compte les valeurs établies par la société. Tout cela pour des choses sur lesquelles notre nature ne peut influer. Se soucier autant des apparences, n'est-ce pas un peu trop exiger de soi-même ?

Il arrive souvent qu'un jeune fasse des études qu'il n'aime pas tout simplement parce qu'il a réussi à entrer dans une université prestigieuse. Il aura ainsi préféré se soumettre aux diktats établis. Très fier, son père dira : « Mon fils a réussi le concours d'entrée à l'université Tsinghua ! » Et lui-même complétera : « Je porte l'insigne de Tsinghua ! » Mais un vague à l'âme habitera son cœur. Peut-être aurait-il pu poursuivre les études qui l'intéressaient dans l'établissement qu'il avait placé en deuxième position dans le formulaire d'inscription au concours national d'entrée à l'université. Il sera passé à côté de cette occasion.

Il arrive que certains choisissent d'épouser quelqu'un uniquement pour sa beauté, ou pour son argent. Ainsi, ils renoncent au véritable amour, pourtant niché en leur cœur, pour une bien vaine gloire, fruit des diktats du regard et de la parole des autres. Encore une occasion ratée.

« Comprendre vraiment la vie », s'abstenir de se lancer à la poursuite de futilités qui ne servent pas l'existence : certes, la chose n'est pas facile.

Que signifie : « Celui qui comprend vraiment le destin ne se préoccupe pas de ce sur quoi son intelligence ne peut influer » ? Que ceux qui ont saisi ce qu'est véritablement le destin ne se lanceront pas à la poursuite de choses sur lesquelles ils n'auront aucune prise. Tchouang-tseu nous rappelle que notre cœur doit renoncer aux choses nécessitant de nous faire violence ou de montrer une opiniâtreté démesurée pour les obtenir.

En Algérie, il arrive que les singes quittent leurs

montagnes pour se rendre dans les champs avoisinants, saccageant tout sur leur passage. Leur objectif est très simple : se nourrir et faire quelques réserves de grain. Soucieux de protéger leurs cultures, les habitants de ces régions ont donc pensé à une méthode pour attraper ces singes : ils déposent quelques grains de céréale sur le pas de leur porte afin de les attirer. L'important, ce ne sont cependant pas les grains, mais le récipient utilisé pour les contenir.

Il s'agit d'une bouteille dotée d'une large ouverture et d'un goulot étroit. Tout est dans le diamètre de ce goulot : il est certes petit, mais suffisamment large en même temps pour permettre à un singe d'y faire passer un bras. Or, dès que l'animal a réussi à s'emparer de quelques grains, le fait qu'il serre le poing l'empêche de repasser son bras à travers l'étroit goulot.

À ce moment-là, on peut dire que si le singe avait une pleine compréhension de la vie, il lâcherait prise pour récupérer son bras. Or, aucun singe ne réagit jamais ainsi.

Leurrés par ces magnifiques grains déposés le soir dans la bouteille et qui semblent n'attendre qu'eux, les singes cherchent à s'en emparer en passant leur bras tout fin dans le goulot de la bouteille. Et c'est ainsi qu'on les retrouve au petit matin en train de se battre chacun avec sa bouteille, la main serrée sur ses victuailles mais incapable de retirer son bras de cette bouteille qui le tient prisonnier.

Ces singes prêtent vraiment à rire, n'est-ce pas ? Et pourtant, combien parmi nous ne font-ils pas pareil, refusant de lâcher une poignée de grains et préférant de ce fait accumuler leur vie durant tous les ennuis possibles et imaginables ? Une telle cupidité n'est pas le propre du singe : il en va de même pour l'homme !

Tchouang-tseu a dit : « Quand la vie apparaît, personne ne peut la repousser ; quand la vie s'en va, personne ne peut la retenir. Quelle désolation ! » (chapitre XIX, « Avoir une pleine compréhension de la vie »).

Lorsqu'ils ont décidé de nous mettre au monde, nos parents n'ont pas sollicité notre accord ; ils nous ont placés en ce monde, sans nous laisser la possibilité de refuser. De même, lorsque notre temps sera écoulé, lui non plus ne sollicitera pas notre avis ; nous n'aurons aucun moyen de nous opposer à lui et au final il nous quittera, tout naturellement.

Arriver malgré soi et repartir malgré soi : voilà chose bien désolante ! Mais voyons la façon dont, dans le fond de notre cœur, nous envisageons notre existence.

La vie est bien brève, nous le déplorons souvent. Et puisque le temps nous est compté, nombreux sont ceux qui parmi nous se concentrent sur la réussite de leur vie professionnelle.
Lorsque nous fixons les objectifs de notre vie, comment différencier l'envisageable du non-envisageable ? À travers ses anecdotes, Tchouang-tseu nous aide à découvrir une réponse : ce sont les connaissances et l'expérience d'une personne qui déterminent ses capacités, son audace et sa perspicacité.

Au chapitre XIX, « Avoir une pleine compréhension de la vie », Tchouang-tseu convoque encore une fois Confucius.

Yen Yuan, le disciple préféré de Confucius, demanda un jour à son maître : « J'ai une fois traversé en bateau une fosse sous-marine appelée Coupe Profonde. Le passeur manœuvrait avec une incroyable dextérité, tel un dieu. Fort jaloux, je lui demandai s'il était possible d'apprendre à manœuvrer un bateau comme lui le faisait. Il me répondit que oui et me dévoila un secret : un bon nageur y parviendrait facilement, mais un bon plongeur qui n'aurait jamais vu un bateau de sa vie y parviendrait tout aussi bien. Je lui demandai pourquoi, mais il ne voulut pas en dire davantage. Maître, qu'avait-il voulu dire ? »

Confucius répondit : « Un bon nageur y arrive à force de s'exercer, il en oublie l'eau. » Ainsi, lorsqu'il manœuvre un bateau, celui qui sait nager n'a pas peur, car même s'il tombe par-dessus bord, sachant nager, il ne pourra pas se noyer.

Qu'en est-il du plongeur ? Comment saurait-il manœuvrer un bateau s'il n'en a jamais vu un au préalable ? Le plongeur considérera les vagues comme autant de collines, et la fosse sous-marine comme une vallée entourée de crêtes. Et si d'aventure le bateau venait à se retourner, il le considérerait comme un char qui recule, ni plus ni moins. Sachant plonger dans les profondeurs, pourquoi ne s'en sortirait-il pas si son bateau se retourne ?

Confucius explique ici à son disciple que telle est la vérité du monde : une personne dotée d'un certain nombre de connaissances aura beaucoup de facilité à acquérir une nouvelle technique, tandis qu'une personne dépourvue d'expérience aura le cœur inquiet.

Confucius compléta néanmoins son explication avec une autre image, celle des jeux de hasard : l'enjeu est parfois élevé, parfois faible. Si un joueur met en jeu une tuile, il jouera l'esprit dégagé de toute inquiétude : il ne s'agit que d'une simple tuile, après tout. Mais s'il met en jeu une belle et précieuse agrafe de ceinture, peut-être sera-t-il sur la défensive et très nerveux : contraint par la peur, il saura alors moins bien déployer son talent. Et s'il met en jeu un lingot d'or, il est sûr et certain qu'il en perdra toutes ses facultés.

Pourquoi donc ? Parce qu'il aura attaché trop d'importance aux biens extérieurs. Il en va de même de la technique : « Celui qui s'attache aux biens extérieurs sera intérieurement fort maladroit. »

Le fait est que dans notre contexte de vie actuel, placés face à un choix décisif, de plus en plus de gens perdent leurs moyens. Ces moyens, ils les perdent non face à autrui mais bien face à eux-mêmes.

Nombre d'échecs sont de fait imputables à une trop grande importance accordée aux biens matériels. Au moment des grandes décisions, nous voici tremblant de tous nos membres, pieds et poings liés, pris de panique. C'est parce que notre cœur est obsédé par le gain et par la perte.

Voilà pourquoi Tchouang-tseu nous dit : dans le temps qui nous est imparti en ce monde, nous pouvons certes accumuler connaissances et expérience, mais c'est l'importance que nous choisirons d'accorder aux biens matériels et notre propre expérience qui, au final, décideront du degré d'intensité de notre vie.

À bien y regarder, on constate que dans la vie, succès et échec, victoire et défaite ne sont pas toujours une question de compétence pure et dure mais bien plus souvent d'état d'esprit.
Lorsque nous nous laissons envahir par l'obsession du gain et de la perte, lorsque notre cœur est inquiet en permanence, nous ne sommes certes pas au maximum de nos capacités.

Dans le chapitre XXI, « Tien Zifang », Tchouang-tseu raconte l'histoire suivante :

Lie Yukou, l'homme qui avançait en chevauchant le vent, fit un jour une démonstration de tir à l'arc à l'intention de Bohun Wuren. Content de sa personne et plein de morgue, il se mit en position de tir puis, une coupe remplie d'eau ayant été placée sur son coude, il banda son arc et tira. À peine la flèche avait-elle été décochée que la deuxième fusait déjà tandis que la troisième était prête à partir. Et pendant tout ce temps, l'eau dans la coupe n'avait absolument pas bougé, Lie Yukou étant demeuré immobile comme une statue, inébranlable.

Incontestablement, Lie Yukou avait une parfaite maîtrise du tir à l'arc. Mais son horizon était-il vaste ?

Peu convaincu, Bohun Wuren lui dit : « Voilà un tir d'exercice de tir, et non un tir de non-exercice de tir. » Il poursuivit : « Je vous propose à présent de me suivre dans la montagne. Nous irons à haute altitude, vous poserez vos pieds sur un rocher à pic surplombant un précipice de cent toises. Nous verrons comment vous tirerez à l'arc dans ces conditions. »

Ils se rendirent sur les lieux. Bohun Wuren s'avança le premier sur le rocher laminé par l'érosion et surplombant un précipice de cent toises. Une fois engagé, il se retourna et recula ainsi jusqu'au bord du précipice, au point que la plante de ses pieds dépasse pour partie dans le vide. Ainsi positionné, il invita Lie Yukou à venir le rejoindre pour tirer à l'arc.

À ces mots, Lie Yukou s'écroula à terre, transpirant jusqu'aux talons.

Bohun Wuren lui dit alors : « L'homme parfait, vers le haut scrute le ciel azuré, vers le bas plonge dans les Sources Jaunes. Il se meut librement jusqu'aux huit pôles ; ni son esprit ni son souffle n'en sont altérés. » Autrement dit, le regard de l'homme véritablement accompli est capable d'atteindre aussi bien le firmament que la demeure des morts, son cœur perçoit très clairement les dix mille êtres qui peuplent le monde, rien n'affecte jamais ni son esprit ni son souffle, sa présence d'esprit demeure toujours intacte.

Bohun Wuren ajouta : « Si déjà vous tremblez de peur et tournez de l'œil, la probabilité que vous réussissiez à tirer à l'arc semble bien compromise. »

Que nous dit cette histoire ? Qu'en ce monde nous ne devons pas tout miser sur les compétences techniques : personne ne peut faire abstraction de l'environnement dans lequel il vit.

Lorsque les conditions extérieures sont déplorables,

il nous faut nous tourner vers la disposition d'esprit entretenue en notre cœur. Est véritablement courageux celui qui, par sa disposition d'esprit, parvient à contrebalancer la menace imposée par l'extérieur ; ses compétences techniques peuvent alors se déployer au maximum de leurs capacités. Lorsque votre état d'esprit a été mis en échec par l'environnement, vous n'aboutirez à rien, quoi que vous fassiez.

Un chercheur avait invité dix personnes à participer à une expérience se déroulant dans une pièce où il faisait noir comme dans un four. Un tronc d'arbre servant de passerelle y avait été placé et, s'adressant aux dix participants, le chercheur avait expliqué : « On ne voit rien dans cette pièce, mais je peux vous dire que devant vous se trouve un tronc sur lequel vous devrez passer pour atteindre l'autre extrémité de la pièce. Maintenant je vais vous guider pour passer sur ce tronc, vous n'aurez qu'à me suivre. »

Écoutant les instructions du chercheur, les dix participants passèrent sur le tronc l'esprit tranquille, comme s'ils marchaient sur le sol. Ils arrivèrent ainsi sans encombre de l'autre côté de la pièce. Le chercheur alluma alors une lampe, et c'est avec un sursaut de frayeur qu'ils découvrirent que le tronc sur lequel ils venaient de passer se trouvait certes dans une pièce, mais aussi au-dessus d'un grand bassin infesté de crocodiles glissant silencieusement dans l'eau.

Le chercheur leur déclara : « Vous voyez la passerelle sur laquelle vous venez de passer. Je vais à présent faire le chemin inverse. Qui est prêt à me suivre ? »

Personne, bien évidemment ! Tous étaient prostrés là, incapables de bouger. Le chercheur leur dit : « Je me permets d'insister, j'ai besoin de refaire le chemin inverse avec vous. Que ceux qui sont vraiment courageux me suivent. »

Tant bien que mal, il réussit à convaincre trois personnes. Mais parmi ces trois volontaires, l'un fut véritablement pris de panique au milieu et termina le parcours sur les genoux, tandis qu'un autre avait à peine fait quelques pas qu'il dut s'étendre de tout son long, ce fut en rampant qu'il termina le parcours. Seule une personne fit le chemin inverse dans des conditions normales. Le chercheur tenta de convaincre les sept autres participants. En vain.

Le chercheur alluma alors quelques lampes supplémentaires, et tous purent constater que le tronc et les crocodiles étaient séparés par un filet de sécurité. Le chercheur demanda à nouveau : « Qui est d'accord à présent pour traverser la passerelle avec moi ? » Il y eut cinq nouveaux volontaires qui, informés de l'existence du filet de sécurité, suivirent le chercheur sans plus s'inquiéter.

Le chercheur lança aux deux derniers participants restés de l'autre côté du tronc : « À l'instant, n'avez-vous pas traversé la passerelle ? Pourquoi refusez-vous à présent catégoriquement de faire le chemin inverse ? » Ils lui répondirent, encore tremblants de peur : « Nous avons un doute – ce filet est-il vraiment solide ? »

Cette expérience ne fait qu'illustrer notre vie.

Il peut arriver que nous fassions face à l'adversité sans même nous en rendre véritablement compte ; dans ces cas, souvent, nous sortons vainqueurs de la situation. A contrario, il suffit parfois de quelques apparences décourageantes pour que nous nous sentions pris de vertige. Le fait est que lorsqu'on a très clairement identifié la sécurité et le danger, le pour et le contre d'une situation, on peut prendre son courage à deux mains et, bravant la crainte, foncer. Il s'agit alors d'une victoire sur soi-même.

Dans ces moments-là, quelle place les compétences techniques occupent-elles encore ? Savoir marcher sur un tronc compte-t-il encore ? Le plus important, c'est le jugement porté par notre cœur.

C'est l'état d'esprit d'une personne qui déterminera sa manière d'être au monde. Mais alors, comment le cœur d'une personne doit-il s'orienter pour pouvoir atteindre la meilleure manière d'être ?

Toujours au chapitre XIX, « Avoir une pleine compréhension de la vie », Tchouang-tseu nous raconte l'histoire d'un coq de combat.

Ji Shengzi dressait un coq de combat pour le roi. En effet, le roi adorait les combats de coqs, et espérait que Ji Shengzi parviendrait très rapidement à dresser un coq qui saurait se montrer victorieux de tous les autres coqs du pays.

Au bout de dix jours, le roi lui demanda : « Le coq est-il prêt au combat ?

Ji Shengzi répondit : « Non. Il prend des airs importants et fait gonfler son plumage. Ses yeux envoient des éclairs. Il est gonflé d'orgueil et sûr de son souffle. »

Ne pourrait-on penser qu'avec de telles caractéristiques le coq était prêt au combat ? Mais pour un dresseur de coqs chevronné, le moment n'était pas encore arrivé, et de loin.

Le roi revint dix jours plus tard : « Et maintenant ? – Toujours pas, lui répondit Ji Shengzi, son souffle s'est certes adouci, mais il réagit promptement au moindre mouvement des autres coqs. Il ne songe alors qu'à se bagarrer. Cela ne va pas du tout. »

Dix jours après, le roi répéta sa question. Ji Shengzi lui déclara : « Toujours pas. Il réagit certes de manière beaucoup plus appropriée maintenant, mais ses yeux sont encore pleins de rage. Cela ne va pas. Attendons. »

Dix jours plus tard, le roi rendit une quatrième visite à Ji Shengzi, qui enfin lui donna une réponse favorable : « Le coq est quasiment prêt. Lorsque les autres coqs font un mouvement ou poussent un cri, il ne cherche plus la bagarre. » Comment était-il, à présent ? Il existe une expression en chinois pour décrire une personne devenue immobile, et qui probablement vient du *Tchouang-tseu* : « coi comme un coq en bois ». C'est cette même expression que Ji Shengzi utilisa pour décrire le coq : « Ce coq a été dressé de telle manière que maintenant, à le voir, on dirait un coq en bois. Sa vertu est parfaitement intacte : il a réussi à rassembler son esprit, à intérioriser sa vertu. Il connaît dorénavant la retenue. En le voyant entrer dans l'arène, aucun coq ne le supportera et tous partiront en courant. » Et le coq put enfin participer à des combats.

Le *Tchouang-tseu* contient de très nombreuses histoires qui, toutes, invitent à la réflexion. Il nous propose un système de valeurs et de compréhension du monde fort différent de ce que nous avons l'habitude de penser ou d'entendre autour de nous.

Ainsi, ne pensons-nous pas qu'un coq de combat doit, à l'instar d'un général belliqueux, être prêt à en découdre, se pavaner fièrement, se glorifier de ses succès et manifester publiquement sa volonté de vaincre ?

Ce que Tchouang-tseu nous propose, c'est de nous défaire de tous les signes de force extérieurs pour concentrer en notre cœur l'ardeur qui nous habite. Cela ne signifie nullement que le coq a perdu toute velléité de combat, mais bien plutôt que sa combativité est tout en retenue. C'est alors qu'on peut considérer que « sa vertu est intacte ».

Le véritable combat, la véritable victoire ne résident ni dans la hardiesse ni dans la technique, mais bien dans la vertu.

Toujours au chapitre XIX, « Avoir une pleine compréhension de la vie », Tchouang-tseu raconte l'histoire d'un menuisier :

Au pays de Lu vivait un menuisier qui s'appelait Zi Qing. Il coupait du bois pour fabriquer des supports pour cloches.

Ces supports consistaient en deux piliers de bois positionnés à chaque extrémité, et sur lesquels était chaque fois gravé un magnifique fauve. L'ensemble ainsi formé du support et de la cloche était un instrument de musique.

Tous ceux qui voyaient ces supports étaient frappés par leur finesse d'exécution, comme s'ils avaient été l'œuvre des dieux. Comment pouvait-on arriver à un résultat aussi prodigieux ? Les fauves des piliers semblaient vivants, prêts à bondir.

La réputation de Zi Qing était telle qu'elle finit par arriver aux oreilles du seigneur de Lu. Intrigué, il convoqua le menuisier à la cour pour lui demander quel était son secret.

Très modeste, Zi Qing lui répondit : « Je ne suis qu'un simple menuisier, comment pourrais-je avoir un quelconque secret de fabrication ? Je n'ai aucune technique particulière. »

Il poursuivit : « Avant de commencer, je me garde de dissiper mon énergie et je pratique l'ascèse en mon cœur : l'objectif est de calmer le cœur.

» Arrivé au troisième jour de l'ascèse, je ne songe plus ni aux félicitations ou aux récompenses, ni aux titres ou aux salaires ; tout cela est complètement oublié. » Autrement dit, il oubliait les richesses.

« Arrivé au cinquième jour de l'ascèse, je ne songe plus ni aux critiques ou aux éloges, ni à l'adresse ou à la maladresse. Je ne prête absolument plus attention à tout cela. » Autrement dit, il oubliait les honneurs.

« Mais je poursuis mon ascèse. Arrivé au septième jour, j'oublie complètement mes quatre membres et mon corps. » Autrement dit, il oubliait sa propre personne. « Arrivé à ce stade-là, j'en oublie même que je travaille pour mon prince. » Chacun peut bien s'imaginer à quel point il doit être angoissant de travailler pour un prince : on a encore moins le droit à l'erreur, et la plus petite marque de déconcentration peut être fatale.

« À ce stade-là, je me rends dans la montagne et, le cœur au calme, je recherche le bois dont j'ai besoin. J'observe la nature des arbres et lorsque mon regard tombe sur une forme parfaite, je vois aussitôt le support apparaître devant mes yeux. Puis je rapporte ce morceau de bois parfait avec moi, et je n'ai alors plus qu'à le travailler à la main pour qu'il prenne la forme voulue pour le support. »

Et Zi Qing de conclure : « Je ne fais rien d'autre que conformer ma nature à celle de l'autre. » Tel était son secret : conformer sa nature à celle de l'arbre.

Que nous dit ce menuisier ? Que lorsque notre esprit est franc et ouvert, nous savons instinctivement adopter la bonne attitude. Conformant notre nature à la nature de l'autre, nous obtenons les meilleurs résultats.
Mais que signifie, au final : « conformer sa nature à la nature de l'autre » ? Et comment atteindre cet état ? Quel est le sens exact de cette ascèse ?

Cette expression est à retenir : « Conformer sa nature à celle de l'autre. »

L'homme devrait répondre aux lois en faisant appel à ce qui, en lui, est le plus conforme à ces lois. Autrement dit, l'homme ne devrait jamais se poser en rival des lois, il ne devrait pas chercher à y contrevenir ; il devrait plutôt, sans avoir à fournir un effort inutile, user de la clarté et de la lucidité que lui offre son cœur, user d'une forme de grande sagesse du monde pour appréhender ce qui vient à lui en « conformant sa nature à celle de l'autre ». Voilà qui s'appelle mener intelligemment sa vie.

Le menuisier pratiquait une ascèse de sept jours qu'il divisait en trois étapes. À l'issue de la première étape, il avait oublié les richesses : il avait renoncé à l'idée de mettre en place des stratagèmes personnels pour s'approprier les richesses disponibles en ce monde. À l'issue de la deuxième étape, il avait oublié les honneurs : critiques et éloges ne trouvaient plus preneur. À l'issue de la troisième étape, il avait oublié sa propre personne : le fait est que c'est en faisant abstraction de soi qu'on arrive aux meilleurs résultats.

Dans nos sociétés médiatisées, d'où proviennent les informations encore susceptibles de nous émouvoir ? Des lignes de front, au plus près des événements. Faisant fi des dangers encourus, les journalistes qui y opèrent se sont fixé un devoir impérieux : celui de témoigner des faits. Et leurs reportages sont effectivement les meilleurs.

Imaginez un journaliste sur un théâtre d'opérations encore à se demander : « Suis-je suffisamment présentable ? Quel serait mon meilleur profil ? Comment devrais-je poser les questions ? » S'il avait de telles préoccupations, nul doute que certaines informations importantes lui échapperaient. La meilleure attitude au travail est donc encore mettre sa personne entre parenthèses.

Le menuisier de Tchouang-tseu nous transmet une vérité simple et profonde : pour atteindre un résultat de qualité dans toutes nos actions, nous devons passer par trois étapes. Ces trois étapes, ce sont : oublier les richesses, oublier les honneurs, oublier sa propre personne. Quand on arrive à réaliser ces trois objectifs, on ressent cette loi du grand Tao qui régit le monde : « Conformer sa nature à celle de l'autre. »

À bien y réfléchir, cette vérité est-elle si difficile à atteindre ? Bien sûr que non ! Cela nécessite uniquement que la simplicité réintègre notre cœur : « Discerne le simple et étreins le naturel », écrit Laozi dans le *Livre de la Voie et de la Vertu*[1]. Une fois qu'on a fait éclater toutes ces règles qui sont autant de carcans, on peut enfin goûter la saveur première de la vie.

Voici une histoire fort appropriée :

Un jardinier comme il y en a tant consacrait beaucoup de son énergie à faire pousser toutes sortes de fruits. Un été, il obtint de magnifiques grappes. Il leur avait consacré beaucoup d'attention, et le résultat était à la hauteur : elles étaient énormes et sucrées. Très content, il voulut en faire profiter tout le monde. Il décida donc de s'installer sur le pas de sa porte avec quelques grappes, l'idée étant de les proposer à la dégustation aux personnes qui passeraient par là.

Un riche commerçant s'en vint à passer. Lui tendant une grappe, le jardinier lui dit : « Goûtez donc mon raisin ! » Le commerçant s'exécuta, puis déclara : « Il est vraiment excellent, vous le vendez combien ? Je dois absolument vous rémunérer pour ça. » Le jardinier répondit : « Je ne veux pas d'argent, je voulais juste vous le faire goûter. » Le

1. Traduction de Liou Kia-hway, parue dans le volume de la Pléiade consacré aux *Philosophes taoïstes*, chapitre XIX *(N.d.l.T.)*.

commerçant répliqua : « Rien ne justifie que vous me donniez ce raisin sans quelque chose en échange. Si vous me donnez du raisin, moi je vous donne de l'argent, c'est comme ça que ça se passe ! Ne soyez pas gêné. Allez, voici de l'argent, je repars avec quelques grappes de raisin, je les dégusterai à la maison. » Le commerçant lui plaqua vite fait quelques pièces dans la main, s'empara des grappes et disparut.

Le jardinier était bien dérouté. Se présenta alors un fonctionnaire, à qui il tendit encore une fois une grappe : « Goûtez donc mon raisin, vous m'en direz des nouvelles ! » Le fonctionnaire apprécia lui aussi le raisin et demanda : « Que voulez-vous de moi ? Je suppose que vous m'avez vu venir de loin avec mon uniforme. Dites-moi ce qui vous préoccupe. Je ne peux pas manger votre raisin gratuitement comme ça. Allez, qu'est-ce qui ne va pas ? » Le jardinier affirma : « Rien ne me préoccupe, je voulais simplement vous faire goûter mon raisin ! » Le fonctionnaire répliqua : « Mais demandez-moi quand même quelque chose. Je ne peux pas accepter votre raisin sans rien vous donner en échange. Sinon, je préfère encore reposer la grappe et continuer mon chemin. » Et sur ce, il partit.

Le jardinier était de plus en plus dérouté. Arriva un jeune couple, visiblement très amoureux. Il se dit que la jeune femme aimerait sûrement manger des fruits frais. Très prévenant, il lui proposa : « Goûtez donc mon raisin et dites-moi ce que vous en pensez ! » Celle-ci accepta la grappe et la goûta. Un grand sourire se fit sur son visage, mais elle n'eut pas le temps d'ouvrir la bouche que déjà son mari intervenait, le regard lourd de menaces : « Qu'est-ce que ça veut dire tout ça ? » Il foudroya du regard le jardinier et, lui tournant le dos, s'éloigna à grands pas. Vraiment, peu lui importait le goût de son raisin.

Le jardinier tomba dans une immense mélancolie. Mais à la fin de la journée passa encore un vieil homme vêtu de hardes. À lui aussi, il tendit une belle grappe en disant : « Goûtez donc mon raisin ! » Le vieil homme accepta la grappe. Grain après grain, il ne cessa de s'extasier : « Quel cadeau du Ciel ! Ce raisin est si juteux, si sucré. Et cette saveur : rien à voir avec les autres raisins. » Heureux de sa bonne fortune, il finit d'avaler la grappe et repartit tout pimpant.

Le jardinier affichait à présent un sourire rayonnant : de toute la journée, seule la dernière personne avait véritablement su apprécier son raisin.

Dans notre quotidien, combien de grappes de raisin ne s'étalent-elles pas devant nos yeux, que nous n'aspirons plus véritablement à goûter ? Nous sommes persuadés que ce raisin camoufle une intention : le profit, l'influence, le sexe. Qui irait offrir quelque chose sans arrière-pensée ? À force de faire des projections, nous en avons oublié le goût du raisin.

Cette histoire ne peut-elle pas être lue en parallèle de l'enseignement de Tchouang-tseu ?

Cet enseignement a voyagé plus de deux mille ans pour arriver jusqu'à nous. Quel message voulait-il nous transmettre ? Il voulait nous dire que si une personne renonce à entretenir les mesquineries en son cœur, si elle accepte de prendre en compte ses aspirations premières pour se mettre au diapason du monde, elle pourra ressentir l'essence même de celui-ci.

Dans ce monde, opportunités et saveurs se présentent sur un pied d'égalité ; tout ce qu'il nous est demandé, c'est de les appréhender en adoptant une manière d'être appropriée.

La vie ne dure qu'un laps de temps limité, lequel est placé entre nos mains. Même en mettant tout en œuvre pour préserver notre santé, nous ne deviendrons guère plus que centenaires.

En revanche, nous avons la possibilité de faire que le laps de temps placé entre nos mains prenne toute sa valeur.

Contrairement à ce que nous pourrions croire, la valorisation d'une vie ne passe pas par l'accumulation de connaissances, l'enrichissement pécuniaire ou le développement d'une carrière : la valeur d'une vie dépasse de loin tous ces objectifs. Bien au contraire, très souvent, quand nous décidons de retourner à notre nature première et de regarder le monde avec un cœur pur. Alors nous renouons avec l'innocence du nouveau-né, alors notre âme peut pleinement se libérer, alors notre cœur peut pratiquer l'ascèse ; nous devenons capables de nous détacher tant des honneurs que des richesses, pour en arriver à complètement oublier notre propre personne. Oublier complètement sa propre personne : voilà ce que nous propose le Ciel.

Lorsque son existence individuelle a réussi à se fondre dans le grand Tao de la nature, l'homme ressent ce qu'est la joie de vivre dans la vérité et la pureté suprêmes, avec le Ciel pour horizon.

10.

Le grand Tao et la nature

Les vérités contenues dans les histoires du Tchouang-tseu sont extrêmement simples et en harmonie avec la nature. Toutes ces histoires et ces vérités partagent un même secret, une pensée commune : celle qui dit que le grand Tao est conforme à la nature.

Le taoïsme a repris à son compte cette parole de Laozi extraite du chapitre XXV du *Livre de la Voie et de la Vertu* : « L'homme imite la Terre, la Terre imite le Ciel, le Ciel imite le Tao, le Tao n'a d'autre modèle que soi-même[1]. » Toutes les choses qui peuplent ce monde atteignent leur état idéal lorsqu'elles se conforment à la Loi. Autrement dit, les hommes et les événements ne se différencient pas purement et simplement par leur degré de compétence ou de complexité ; seule la qualité de leur horizon est à même de les départager. Comment déterminer la qualité d'un horizon ? Pour cela, un seul critère : la conformité au grand Tao de la nature.

Dans le chapitre XXII, « Intelligence voyage dans le Nord », Tchouang-tseu met en scène un dénommé Intelligence, parti en voyage pour trouver une réponse à une question qui le taraude : qu'est-ce que le Tao en ce monde ? Intelligence, cela signifie « homme de grande sagesse ».

1. Traduction de Liou Kia-hway, *op. cit.* *(N.d.l.T.)*

Intelligence voyagea dans le Nord jusqu'à l'eau noire. Là, il rencontra un être supérieur dénommé Énoncé du Non-Agir. Il lui demanda :

« Pour connaître le Tao, comment penser et comment réfléchir ? Pour s'installer dans le Tao, quelle position adopter et comment agir ? Pour saisir le Tao, d'où partir et quel chemin suivre ? »

Comment connaître le Tao ? Comment s'installer dans le Tao ? Comment saisir le Tao ?

Énoncé du Non-Agir ne répondit pas, le laissant avec ses questionnements.

Intelligence quitta donc l'eau noire pour se rendre dans le Sud, jusqu'à l'eau blanche. Il grimpa sur la colline de la fin du doute, où il rencontra un autre être supérieur, dénommé Fou Courbé. Il lui posa les mêmes questions.

Fou Courbé lui répondit : « Je le sais et je vais vous le dire tout de suite. » Mais tout en voulant parler, il oublia ce qu'il voulait dire.

N'ayant toujours pas obtenu de réponse, Intelligence se rendit auprès de l'Empereur Jaune, qui lui donna enfin une réponse : « Pour connaître le Tao, on ne doit ni penser ni réfléchir. Pour s'installer dans le Tao, on ne doit ni adopter de position ni agir. Pour saisir le Tao, on ne doit ni partir de quelque part ni suivre un quelconque chemin. »

Autrement dit, lorsque nous cessons de nous référer aux normes qui mènent nos vies pour véritablement saisir le tréfonds de notre cœur, nous sommes en mesure de guider la vie de cet être unique que nous sommes.

En ce monde, nous consacrons beaucoup trop de temps à jalouser autrui. Voilà pourquoi Tchouang-tseu a songé à nous proposer l'histoire suivante dans le chapitre XVII, « Les eaux d'automne » :

Il existe en ce monde un monstre fabuleux qui ressemble à un dragon ou à un bœuf sans cornes et qui n'a qu'une seule patte : le *kui*. Le *kui* est fort envieux, car tous ceux qui sont dotés d'un plus grand nombre de pattes que lui ne rencontrent pas ses problèmes pour se déplacer. Sa cible favorite est le mille-pattes. Mais le mille-pattes, lui, envie le serpent. Imaginez donc : dépourvu de pattes, il se déplace bien plus vite que ceux qui en sont dotés. Or, le serpent envie le vent qui file à vive allure alors même qu'il n'a aucune forme. Et le vent, qui envie-t-il ? Le vent envie l'œil de l'homme, car son regard atteint plus rapidement sa cible que le vent lui-même. L'œil serait le plus rapide, alors ? Que nenni : ce que l'œil envie le plus, c'est le cœur, car ce que le regard ne peut atteindre, le cœur le peut – nos intentions se forment en l'espace d'un battement de cœur.

Telle est la signification de cette phrase du *Tchouang-tseu* : « Le *kui* envie le mille-pattes, le mille-pattes envie le serpent, le serpent envie le vent, le vent envie l'œil, l'œil envie le cœur. » Le verbe « envier » en chinois, dans le présent contexte, correspond au caractère *lian*. *Lian*, c'est « chérir » avec une petite tendance à se montrer envieux : estimer que l'horizon d'autrui est plus enviable que le sien propre.

Dans notre vie, nous avons tous été marqués par des modèles. Les modèles d'autrefois sont devenus les idoles d'aujourd'hui : toujours il y aura quelqu'un pour présenter des caractéristiques apparemment plus parfaites que les nôtres, que nous serons susceptibles d'envier et à qui nous serons tentés de vouloir ressembler.

Mais pouvons-nous vraiment devenir un autre ?

Voici l'histoire d'une petite souris qui estimait que, vraiment, elle était bien petite. Elle était obsédée par l'idée de trouver la chose la plus grande au monde. Levant la tête, que vit-elle de grand ? Rien ne pouvait être plus grand que le Ciel. Aussi déclara-t-elle : « L'horizon de cette vie sera désormais pour moi de rechercher l'essence du Ciel. Le Ciel ne craint rien, il est immensément vaste, il recouvre les quatre coins de la planète. » La petite souris demanda donc au Ciel : « Ciel, tu ne crains rien et moi je suis si petite. Peux-tu me donner du courage ? »

Le Ciel lui répondit : « Moi aussi je crains quelque chose – les nuages. Les nuages sont capables de cacher le Ciel et le soleil au point de nous rendre invisibles aux yeux de tous. »

La petite souris en déduisit que les nuages étaient bien plus vénérables. Elle alla donc les trouver : « Vous qui êtes capables de cacher le Ciel et le soleil, êtes-vous les plus forts entre le Ciel et la Terre ? »

Les nuages répondirent : « Nous craignons le vent. Quand nous avons enfin réussi à cacher le Ciel et le soleil, voilà qu'arrive le vent. De son souffle puissant, il balaie tout sur son passage, nous voilà tous dispersés. Nous aussi, nous craignons quelque chose, donc. »

La petite souris se précipita aussitôt auprès du vent et lui dit : « Ta force est démesurée, aucun des dix mille êtres qui peuplent le monde ne peut te résister. Vraiment, ne crains-tu absolument rien ? »

Le vent répondit : « Si, moi aussi je crains quelque chose – les murs. Je sais disséminer les nuages dans

Yang Changhuai

Yang Yan

le ciel, cela ne fait aucun doute. Mais impossible pour moi de contourner un mur. Voilà pourquoi le mur est bien plus fort que moi. »

La petite souris interrogea alors un mur : « Toi qui es capable d'arrêter le vent, n'es-tu pas le plus puissant ici-bas ? »

Et le mur donna cette stupéfiante réponse à la petite souris : « Ce que je crains le plus, ce sont les souris. Parce que les souris grignotent petit à petit mes fondations et je sais qu'un jour, de toute ma hauteur, je m'écroulerai dans un immense fracas. »

Cette réponse fut une révélation pour la petite souris : la chose la plus grande et la plus incroyable en ce monde, c'était donc elle. La quête de la petite souris n'est-elle pas une allégorie de ce cheminement que nous suivons nous-mêmes : nous grandissons en adulant des idoles, en définissant des modèles jusqu'à ce qu'un jour nous découvrions notre propre cœur ?

Nous pouvons présenter plusieurs facettes tout au long de notre vie, mais notre nature intrinsèque, elle, ne change pas.

Chaque vie est unique. Mieux vaut tout mettre en œuvre pour se connaître soi-même plutôt que d'idolâtrer autrui, car jamais nous ne pourrons nous départir de ce que nous sommes pour devenir autrui.

Certes, le parcours de notre vie est semé d'embûches et d'injustices, mais qu'importent les honneurs ou les difficultés : tout finit par passer.

En ce monde, nous sommes amenés à faire face à de très nombreuses situations : opportunités ou difficultés. Garder la maîtrise de sa propre personne dans chaque situation, voilà ce que les taoïstes appellent se conformer au grand Tao du Ciel et de la Terre.

Tchouang-tseu nous le rappelle également : « S'égarer parmi les choses, perdre sa nature dans la vulgarité, c'est renverser l'ordre » (chapitre XVI, « Corriger la nature »). Celui qui se laisse dominer par les biens matériels et qui laisse la vulgarité corrompre son tempérament naturel, celui-là fait tout à l'envers : il fait fausse route de bout en bout.

Il faut prendre conscience que le monde extérieur est capable de nous opposer deux types d'obstacles : les biens matériels et la vulgarité. Les biens matériels sont souvent reliés à des intérêts extérieurs qui peuvent obscurcir notre jugement ; la vulgarité s'incarne souvent dans un discours, un regard susceptible d'influer sur nos valeurs. Lorsqu'une personne se laisse guider par les biens matériels et la vulgarité, elle se trouve dans l'impossibilité d'accéder aux vraies valeurs et à la force qui habitent pourtant le tréfonds de son cœur.

Comment ne pas se perdre ? Comment ne pas s'égarer ? En étant clairement conscient du fait que chaque situation à laquelle nous sommes confrontés peut être dépassée. Tant de choses suscitant l'émerveillement pendant un temps donné ; pourtant, cet émerveillement passera. Tant de difficultés auxquelles nous devons faire face ; pourtant, ces difficultés passeront aussi.

Une nuit qu'il rêvait, un roi s'était vu souffler une maxime qu'il pourrait faire sienne tout au long de sa vie. Dans son songe, quelqu'un lui disait : « Si vous vous souvenez de cette unique phrase, alors vous ne vous préoccuperez plus jamais ni de ce que vous aurez perdu ni de ce que vous aurez gagné. Vous recevrez avec le même calme tant les plus grandes humiliations que les plus grandes faveurs. »

Très étonnant : à son réveil, le roi avait oublié la maxime. Une maxime si importante qu'on pouvait la faire sienne tout au long de sa vie ; quelle pouvait-elle bien être ? Le roi se creusa la tête en vain. Il fit alors rassembler tous les trésors que contenait son palais pour fabriquer une bague surmontée d'un énorme diamant, puis dit à ses ministres : « Lancez-vous à la recherche de cette maxime. Je donnerai cette bague de diamant à celui qui me la ramènera. »

Un jour, le plus intelligent de ses ministres les plus vénérables lui déclara : « Sire, laissez-moi prendre cette bague ! »

Le roi s'enquit : « Vous avez trouvé la maxime ? »

Le vénérable ministre ne dit mot, prit la bague et inscrivit une phrase sur l'anneau. Puis il rendit la bague au roi et se retira comme si de rien n'était.

Le roi lut l'inscription, et la maxime de son songe lui revint à l'esprit en même temps qu'il la lisait. C'était une maxime très simple : « Tout finit par passer ».

Tous nous devrions nous souvenir de cette maxime. Les honneurs finissent par passer ; les disgrâces finissent par passer ; splendeurs et misères finissent par passer. Tout ce que nous sommes amenés à côtoyer ne fait jamais que traverser provisoirement notre vie, et nous devons apprécier chaque instant à sa juste valeur.

Tchouang-tseu dit que le grand Tao est conforme à la nature.
Mais qu'appelle-t-on le grand Tao du Ciel et de la Terre ? Le grand Tao n'est rien d'autre qu'une règle à suivre.
Nous nous différencions par de nombreux aspects : l'âge, les circonstances dans lesquelles nous vivons, l'éducation que nous avons reçue, notre milieu d'origine, le chemin que nous suivons, les vicissitudes que nous rencontrons dans la vie. Voilà pourquoi chacun d'entre nous devra intégrer le grand Tao du Ciel et de la Terre selon ses propres modalités. Il ne pourra compter que sur lui-même, les autres ne lui seront d'aucun secours. On peut toujours tirer leçon de l'expérience d'autrui, mais seul notre cœur saura véritablement comprendre et saisir ce qu'est le grand Tao.

Pour Tchouang-tseu, ceux qui entre le Ciel et la Terre comprennent véritablement leur cœur sont ceux qui sont capables de « ménager leur vie ». Qui sont ces personnes ?

Dans le chapitre XIX, « Avoir une pleine compréhension de la vie », Tchouang-tseu explique que celui qui sait ménager sa vie est comme un berger. Si le berger use parfois de sa cravache pour maintenir l'ordre, il demeure toujours bienveillant à l'égard de son troupeau. Contre lequel de ses moutons usera-t-il de sa cravache ? « Il cravache celui qui est resté en arrière » : il s'en sert sur le dernier de ses moutons, celui qui s'est laissé distancer par le troupeau. Il n'a pas besoin de cravacher ceux qui sont à l'avant. S'il cravache le dernier pour qu'il accélère le pas, c'est uniquement pour permettre au troupeau d'avancer.

Cette image fait écho à la loi de Liebig et son tonneau cerclé de planches toutes de longueurs différentes. Quelle quantité de vin le tonneau pourra-t-il contenir ? La réponse ne sera pas donnée par la planche la plus longue, mais bien par la plus courte. Autrement dit, c'est le maillon le plus faible qui déterminera la limite maximale ; c'est donc sur lui qu'il faudra agir si l'on souhaite remonter cette limite, en l'occurrence améliorer la capacité du tonneau.

Qu'il s'agisse d'un troupeau ou d'un tonneau, toujours il y aura un mouton en retard par rapport aux autres, une planche plus courte que les autres. Le tout est d'arriver à reconnaître le dernier mouton de notre troupeau, la planche la plus courte de notre tonneau.

Quel type de vie pourrait être qualifiée de stérile ? Une vie où « l'homme enlève à l'indigent pour ajouter au riche », dit Laozi dans le *Livre de la Voie et de la Vertu*[1]. Certaines personnes ne font jamais que regarder la planche la plus longue, le mouton en tête du troupeau. Elles font étalage de leurs richesses, aiment à se vanter : « Regardez donc mes signes extérieurs de richesse ! »

Une vie stérile, c'est quand le mouton de tête parade d'un air victorieux et suffisant, alors même que le reste du troupeau s'est dispersé au fur et à mesure qu'il grimpait la montagne, perdant ainsi

1. Traduction de Liou Kia-hway, *op. cit.*, chapitre LXXVII. *(N.d.l.T.)*

beaucoup de temps. Et le berger, lui, continue de ne regarder que son mouton de tête parader fièrement, imbu de lui-même. C'est aussi quand le propriétaire du tonneau ne voit que sa planche la plus longue, mais qu'il ignore que le vin contenu dans le tonneau s'est écoulé vers l'extérieur à cause de la planche la plus courte.

Aussi devons-nous souvent nous demander : « Dans ma vie, quel est le dernier mouton ? Quelle planche de mon tonneau est la plus courte ? »

Deux expressions chinoises se révèlent tout à fait appropriées pour décrire la grande sagesse de la vie. La première, c'est : « Offrir du charbon à quelqu'un par temps de neige » – secourir quelqu'un dans le besoin, et ce quelqu'un, en l'occurrence, c'est soi-même. La seconde, c'est : « Ajouter des fleurs sur un brocart » – embellir une chose déjà fort belle. On s'offrira du charbon par temps de neige pour aider sa propre personne, alors qu'on ajoutera des fleurs sur un brocart uniquement pour se faire valoir auprès des autres.

Partant de cette vérité pour regarder le monde, Tchouang-tseu dit : « En rejetant le Tao et la vertu, comment pourrait-on user de bienveillance et de justice ? En ne s'écartant pas du tempérament naturel, pourquoi voudrait-on user des rites et de la musique ? » (chapitre IX, « Sabots de chevaux »). En ce monde, si le Tao et la vertu étaient fermement défendus par le cœur, aurait-on besoin de recourir au carcan de l'étiquette ? Si chacun ne se dispersait pas en faisant fi de son tempérament naturel, si chacun ne contrevenait pas à sa propre nature, aurait-on besoin d'être encadré par les rites et la musique ?

Dans notre société, les médias se font l'écho de la morale et n'hésitent pas à mettre en avant des personnes dont le comportement est montré comme exemplaire : un homme qui reste au chevet de son père ou de sa mère malade, par exemple, qui montre du respect envers ses aînés. Mais ce comportement a-t-il besoin d'être mis en valeur par les médias ? La piété filiale ne va-t-elle déjà pas largement de soi ?

Tchouang-tseu estime qu'en ce monde la nature même du cœur est la chose la plus simple et la plus sobre qui soit, et qu'elle n'a certes pas besoin de faire l'objet d'une propagande extérieure continue et complexe.

Pour Tchouang-tseu, tous les grands principes de vérité ne sont rien d'autre que le reflet des tendances les plus naturelles de notre cœur. Ils n'ont nul besoin d'être intentionnellement mis en avant par des signes extérieurs.
Or, Confucius a une approche différente : l'étiquette est primordiale, et ce tant au niveau de l'individu qu'au niveau de l'État.
De Tchouang-tseu et de Confucius, à qui donner sa préférence ? Comment comprendre cette grande différence entre taoïsme et confucianisme ?

Le confucianisme insiste sur l'étiquette, sur l'importance pour chacun d'adhérer à des règles de comportement extérieures. L'homme doit interagir avec autrui, se comporter en société selon l'étiquette établie. Nous devons respecter le cadre normatif qui régit nos relations pour contribuer à l'harmonie du monde.

Selon le taoïsme, chacun doit suivre la morale que lui insuffle son cœur, écouter sa voix intérieure. Nous n'avons nul besoin d'une quelconque intervention extérieure.

On peut dire que confucianisme et taoïsme se sont complétés pour donner naissance à l'esprit du peuple chinois.

Le confucianisme explique que l'homme doit s'intégrer à la société, qu'il peut se réaliser en tant qu'individu mais en s'enracinant dans le terreau dans lequel il vit. Le taoïsme explique que l'homme doit se tenir à l'écart de la société, qu'il doit transcender son individualité et se doter d'ailes qui lui permettront de voler en toute liberté haut dans le ciel.

Le confucianisme nous propose une méthode concrète pour permettre à tous les hommes d'interagir selon une étiquette commune. Pour le taoïsme, l'idéal à atteindre est celui de voler haut dans le ciel pour que chacun soit en accord avec la morale que lui insuffle son cœur.

Dans nos sociétés actuelles, l'un n'exclut pas l'autre. Les deux écoles s'opposent parfois farouchement, et leurs positions semblent irréconciliables ; elles peuvent néanmoins s'avérer complémentaires quand on se place au niveau de l'individu.

En ce monde, rien n'est plus important que de se connaître soi-même, de conformer son existence au grand Tao. Agissant ainsi, nous nous éviterions bien des détours.

Souvent nous perdons une course non pas parce que nous ne sommes pas assez rapides, mais tout simplement parce que nous n'avons pas suffisamment réfléchi en amont.

Voici une histoire bien à propos :

La gazelle est probablement l'animal le plus leste, le plus vif de tout le règne animal. Se moquant de la tortue, elle la défia à la course. Imaginez donc : l'issue d'une telle course pouvait-elle faire l'ombre d'un doute ? La gazelle ne pouvait que la remporter. Contre toute attente, la tortue releva le défi.

Le lendemain matin, donc, toutes deux se présentèrent ensemble sur la ligne de départ. Une fois le départ donné, la tortue disparut très rapidement du champ de vision de la gazelle, laquelle s'était élancée comme une flèche. Après une première étape menée tambour battant, la gazelle fit une pause et, très satisfaite d'elle-même, lança : « Où es-tu, tortue ? » Elle entendit alors un bruissement d'herbe juste devant elle, puis la tortue qui lui dit : « Je suis ici. Continue à courir ! »

La gazelle en demeura bouche bée : comment la tortue pouvait-elle se trouver devant elle ? Elle repartit sans plus attendre. Ayant encore parcouru un bout de chemin, la gazelle fit une nouvelle halte et lança : « Petite tortue, m'as-tu rattrapée ? » Et, une fois de plus, il y eut ce bruissement d'herbe suivi de la voix de la petite tortue qui lui dit sur un ton très détaché : « Je t'ai dépassée. Cours donc plus vite ! »

La panique s'empara de la gazelle. Elle reprit sa course puis posa encore sa question. La tortue répondit aussitôt sur le même ton, et lui conseilla une fois de plus d'accélérer le pas. Ainsi découragée à plusieurs reprises, la gazelle arriva enfin à bon port, mais pour constater que la tortue l'y attendait tranquillement de l'autre côté de la ligne d'arrivée. La gazelle reconnut sa défaite : sa rapidité ne lui avait été d'aucun secours.

Que s'était-il donc passé ? La veille du départ, après avoir accepté de relever le défi de la gazelle, la tortue avait mobilisé toutes les tortues de son clan, et elles avaient décidé de se positionner tout au long du parcours, chacune à une faible distance de celle qui la précédait ou qui la suivait, toujours cachées dans l'herbe. Quel que soit l'endroit où la gazelle s'arrêterait, il y aurait donc toujours une tortue pour la précéder. La tortue qui avait relevé le défi se trouvait depuis déjà fort longtemps derrière la ligne d'arrivée, se préparant à accueillir la gazelle avec un air victorieux. La malheureuse gazelle s'était fait avoir par cette illusion d'optique, et c'est très honnêtement qu'elle reconnut sa défaite.

Quelle est la morale de cette histoire ? Qu'en ce monde rien ne sert de courir il faut savoir réfléchir. Que la réflexion prime la technique.

Pour Tchouang-tseu, le monde doit retourner à sa nature première : diminuer le nombre des obligations morales, prendre ses distances avec la technique, pour que nous retrouvions l'état le plus simple, l'état originel.

Nous vivons dans une société de concurrence effrénée où certains ne reculent devant rien lorsqu'il s'agit de leur intérêt et de leur honneur. L'idée de Tchouang-tseu est éminemment moderne : il nous invite, nous, hommes d'aujourd'hui, à pratiquer un détachement naturel, à conserver un cœur simple, à

céder moins souvent aux conventions dans l'unique souci de profiter de toutes les occasions. Car sinon, nous pourrions bien nous perdre nous-mêmes dans l'immensité de l'Univers.
Mais, le laps de temps qui nous est imparti sur cette terre étant finalement assez restreint, que pouvons-nous faire pour véritablement intégrer le grand Tao de la nature ?

Tchouang-tseu écrit : « Par le vide et par l'indifférence, il rejoint la vertu du Ciel » (chapitre XV, « Se torturer l'esprit »). Autrement dit, lorsqu'une personne est parvenue par son attitude à faire le vide et à atteindre l'indifférence, qu'elle a pu ainsi apaiser son cœur, que celui-ci n'est plus ni troublé ni embrumé, alors on peut dire qu'elle vit en se conformant à la vertu du Ciel.

Il n'est pas rare que nous ayons l'impression d'arriver dans une impasse, de ne plus savoir comment rebondir. Dans ces moments-là, seuls l'acuité de notre jugement et le calme de notre cœur peuvent nous permettre de nous en sortir. Dans ces moments-là, qui guide finalement notre cœur ?

Voici une histoire véridique :

Des étudiants en géologie étaient partis explorer une très ancienne grotte avec leur professeur. La légende raconte que cette grotte contenait de précieux cristaux, ce qui avait attisé leur curiosité. Mais la grotte était extrêmement profonde, et nombreux étaient ceux qu'on avait vus entrer mais jamais ressortir. L'endroit était donc considéré comme un point de non-retour.

Les étudiants s'étaient équipés de pied en cap : lampes frontales, torches, boussoles. Et c'est ainsi préparés qu'ils avaient pénétré dans la grotte à la suite de leur professeur. Comme prévu, elle était effectivement abrupte, composée d'un réseau de passages tortueux qui débouchaient régulièrement sur des espaces plus vastes. Ils explorèrent ainsi une salle après l'autre, descendant d'un niveau au suivant jusqu'à atteindre une ultime salle en profondeur, où ils trouvèrent les cristaux dont ils avaient tant rêvé. Surpris de découvrir de telles merveilles, ils se dirent que, vraiment, le jeu en valait la chandelle. Tout à leur joie, ils se mirent à examiner leurs trouvailles et à prélever des échantillons. Leur travail terminé, ils voulurent prendre le chemin du retour. Et ils réalisèrent soudain que toutes les salles qu'ils avaient traversées se ressemblaient énormément et que toutes étaient incroyablement vastes. Plus personne ne se souvenait du chemin qu'il avait pris pour arriver jusque-là.

Leur professeur leur dit alors très simplement : « D'autres sont passés avant nous dans cette grotte, ils ont laissé des marques. Regardez cette entrée de tunnel : il y a une marque sur le calcaire, suivons ce chemin-là. » Et c'est ainsi qu'ils firent le trajet du retour, se laissant guider par la lampe de leur professeur. Chaque fois qu'ils avaient fait quelques pas, celui-ci s'exclamait : « Voilà encore une marque d'un de nos prédécesseurs ! » Il était toujours le premier à les repérer.

Marque après marque, ils purent rejoindre la sortie et renouer avec le soleil. Les étudiants s'écroulèrent et restèrent ainsi prostrés sur le sol, certains se mirent même à pleurer. L'un dit : « Nous sommes vraiment revenus de la mort ! Sans les traces de nos prédécesseurs, jamais nous n'aurions pu remonter à la surface. »

À ce moment-là, le professeur sortit silencieusement de sa poche tout ce qui lui restait d'un petit morceau de roche calcaire. C'était lui-même qui avait dessiné toutes les marques au fur et à mesure qu'ils s'enfonçaient dans la grotte.

Les étudiants connaissaient la réputation de cette grotte, ils savaient qu'ils couraient le risque de ne pas pouvoir ressortir et ils ne bénéficiaient pas de l'expérience de leurs prédécesseurs. Leur professeur le savait aussi mais il avait décidé de se faire confiance, d'user de sa présence d'esprit et de suivre le chemin de son cœur pour qu'ils sortent tous sains et saufs de cette impasse.

Voilà qui rappelle fort notre propre expérience de la vie. Lorsque notre objectif est la gloire et que nous obtenons un intérêt tout matériel fort séduisant, nous oublions souvent que nous prenons un risque. Nous ne marquons pas notre chemin et nous fonçons tête baissée. Résultat : nous nous rendons compte un peu tard que le chemin est sans retour, ce que le poète Li Bai (701-762) exprime fort bien par ces vers : « Regardant en arrière le chemin parcouru, je ne vis plus que l'exubérance de la forêt. »

Lorsque nous ne savons même pas remonter le chemin par lequel nous sommes arrivés, avons-nous encore la faculté de retourner aux origines, de voir encore une fois le soleil ? C'est alors que nous réalisons : pourquoi sur le chemin pour arriver jusque-là n'ai-je voulu compter que sur mon enthousiasme, ne considérer qu'un seul et unique objectif ? Pourquoi ai-je oublié de marquer le chemin du retour ? Voilà ce que signifie se perdre soi-même dans l'immensité de l'Univers.

Dans le chapitre XIII, « La voie du Ciel », Tchouang-tseu nous raconte l'histoire suivante :

Yao et son ministre Shun discutaient de la façon de gouverner le monde. De fait, chacun représentait une approche différente.

Shun demanda à Yao : « Dans quel état d'esprit faites-vous face au monde et le gouvernez-vous ? »

Yao lui répondit : « Je ne méprise pas ceux qui ne peuvent porter plainte, je n'abandonne pas les pauvres gens, je plains les morts, je chéris les enfants, j'ai de la compassion pour les femmes. Tel est mon état d'esprit. »

Cette réponse de Yao est tout à fait confucéenne : traiter le monde entier avec générosité et compassion, et surtout faire preuve d'empathie pour ceux qui sont fragilisés.

Shun fit un commentaire : « C'est déjà beau mais ce n'est pas grand. » Autrement dit, cette disposition d'esprit à l'égard du monde est très belle, remplie de bienveillance, mais votre horizon n'est pas encore suffisamment vaste. Yao demanda : « Alors, que devrais-je faire ? Qu'est-ce qui est grand à vos yeux ? »

Shun répondit : « La vertu du Ciel engendre la paix, la lune et le soleil répandent leur lumière faisant se succéder les quatre saisons, comme le jour et la nuit suivent une règle constante, comme le nuage amène la pluie ! » Autrement dit, là où se manifestent la voie et la nature du Ciel se manifeste également la paix. Le soleil et la lune s'échangent régulièrement la place pour éclairer le monde, et les quatre saisons se succèdent sans relâche : ainsi va le monde dans une ronde perpétuelle, de même que le jour succède à la nuit, de même que seul un ciel nuageux donnera de la pluie. Telle est la loi du changement. Tout dans le monde suit les lois de la nature : voilà ce qui s'appelle être grand.

Yao dit alors : « Quel trouble ! Vous vous conformez au Ciel, je me conforme à l'homme. » Seule la voie du Ciel est la grande voie, le grand Tao.

Le monde extérieur dans sa totalité est le meilleur maître dans la vie, et il suffit de s'immerger pleinement dedans. « Une fleur un monde, une feuille une illumination », dit le bouddhisme : voilà ce qu'il faut véritablement ressentir et savoir. Le monde et la compréhension la plus totale se trouvent à l'intérieur de chaque fleur, de chaque feuille, ce qui nous rend parfaitement à même de saisir la vérité des dix mille êtres.

Une légende raconte l'histoire d'un vieux chef de tribu qui s'était adressé en ces termes aux jeunes gens de son village : « Allez par le vaste monde et faites votre propre expérience de la vie. Dans cette optique, je ne vous donnerai que six mots, lesquels suffiront amplement pour vous guider. Prenez chacun une feuille de papier ; dessus sont inscrits les trois premiers mots. Partez à présent vous frotter aux réalités de ce monde. Lorsque vous aurez construit votre vie, vous reviendrez vers moi et je vous donnerai alors les trois derniers mots. »

Ce tout petit morceau de papier entre les mains, les jeunes gens partirent aux quatre coins du monde. Tous traversèrent nombre d'épreuves, tous connurent splendeurs et misères. Mais, chaque fois, ils reprenaient leur petit morceau de papier pour y lire comme un rappel les trois mots inscrits dessus, trois mots très simples en vérité : « Ne rien craindre. » Quand on ne craint rien, on triomphe de toutes les épreuves.

Arrivés au midi de leur vie, après avoir accepté nombre de frustrations et surmonté nombre de difficultés, marqués par les épreuves ou au firmament de la gloire, ils rentrèrent au village pour recevoir les trois derniers mots que le chef du village leur avait promis. Et ils lurent : « Ne rien regretter. »

Il ne faut rien craindre pendant la première moitié de notre vie ; il ne faut rien regretter pendant la seconde moitié de notre vie. Autrement dit : en ce monde, il n'y a rien que nous devions craindre, rien que nous devions regretter. Faire de tout son cœur et de toutes ses forces : voilà ce qu'est la vie, ni plus ni moins. La philosophie occidentale, la pensée orientale, le grand Tao du Ciel et de la Terre : tous reconnaissent ce principe.

Voici l'histoire d'un jeune garçon qui avait lancé un défi à un vieil homme sage et perspicace. Tenant un frêle oisillon dans le creux de sa main refermée, il lui déclara : « Vous qui êtes sage et clairvoyant à propos de tout, dites-moi : ce frêle oisillon que je tiens dans la main, est-il vivant ou est-il mort ? » Le jeune garçon s'estimait sûr et certain de gagner son pari. En effet, si le vieil homme lui disait que l'oisillon était vivant, il lui suffirait de serrer un peu la main pour l'écraser complètement ; si le vieil homme lui disait que l'oisillon était mort, il ouvrirait la main et l'oisillon s'envolerait, lui prouvant ainsi le contraire.

Le vieil homme lui répondit par cette simple phrase : « La vie est entre tes mains. »

L'existence de chacun d'entre nous ne diffère en rien de celle de cet oisillon. L'existence, c'est la vie et c'est la mort. Le Ciel et la Terre nous ont dotés d'un cœur, et c'est lui qui décide unilatéralement de ce que nous ferons de notre existence.

Le temps qui nous est imparti est extrêmement limité. Entre le Ciel et la Terre, le cœur de chacun d'entre nous doit se conformer au grand Tao de la nature. Si nous voulons vivre pleinement cette vie, nous ne devons nous souvenir que de cette phrase : notre vie est entre nos mains.

Table

Avant-propos
Jusqu'où notre cœur peut-il voyager ? 7

1. Mais qui est donc Tchouang-tseu ? 27
2. L'horizon peut être petit ou vaste............. 53
3. Éveil et transcendance................................ 77
4. Se connaître soi-même 105
5. On peut toujours se frayer une voie 131
6. Parler avec légèreté de la vie et de la mort 151
7. Rester fidèle à soi-même tout en s'adaptant au monde extérieur....................................... 177
8. Nature de l'homme et nature des choses.................................... 195
9. État d'esprit et manière d'être................... 221
10. Le grand Tao et la nature......................... 245

l'esprit d'ouverture

Collection dirigée par Fabrice Midal

Shawn Achor
Comment devenir un optimiste contagieux, 2012

Karen Armstrong
Compassion. Manifeste révolutionnaire pour un monde meilleur, 2013

Bashô, Issa, Shiki
L'Art du haïku. Pour une philosophie de l'instant, 2009

Tal Ben-Shahar
L'Apprentissage du bonheur. Principes, préceptes et rituels pour être heureux, 2008
L'Apprentissage de l'imperfection, 2010
Apprendre à être heureux. Cahier d'exercices et recettes, 2010
Choisir sa vie. 101 expériences pour saisir sa chance, 2014

Andrew Bienkowski
Le Grand-Père et le Veau. Leçons de vie et d'espoir, 2012

David Burns
Bien ensemble. Comment résoudre les problèmes relationnels, 2010

Yu Dan
Le Bonheur selon Confucius. Petit manuel de sagesse universelle, 2009

David Deida
L'Urgence d'être. Zen et autres plaisirs inattendus, 2009

Norman Doidge
Les Étonnants Pouvoirs de transformation du cerveau. Guérir grâce à la neuroplasticité, 2008

Stefan Einhorn
L'Art d'être bon. Oser la gentillesse, 2008

Robert Emmons

Merci ! Quand la gratitude change nos vies, 2008

Les Fehmi et Jim Robbins

La Pleine Conscience. Guérir le corps et l'esprit par l'éveil de tous les sens, 2010

Gerd Gigerenzer

Le Génie de l'intuition. Intelligence et pouvoirs de l'inconscient, 2009

Christopher Hitchens

dieu n'est pas Grand. Comment la religion empoisonne tout, 2009

Russell Jacoby

Les Ressorts cachés de la violence. D'Abel et Caïn à nos jours, 2014

Ursula James

La Source. Manuel de magie quotidienne, 2012

Dan Josefsson et Egil Linge

Du premier rendez-vous à l'amour durable. Identifier ses problèmes relationnels, se libérer de l'insécurité affective, vaincre la peur de l'engagement et construire enfin une relation durable, 2012

Jack Kornfield

Bouddha mode d'emploi, 2011

Une lueur dans l'obscurité. Comment traverser les temps difficiles grâce à la méditation, 2013

Satish Kumar

Tu es donc je suis. Une déclaration de dépendance, 2010

John Lane

Les Pouvoirs du silence. Retrouver la beauté, la créativité et l'harmonie, 2008

Martha Lear

Mais où sont passées mes lunettes ? Comment gérer au quotidien les petits troubles de la mémoire, 2009

Roberta Lee

SuperStress. La solution, 2011

Dzogchen Ponlop Rimpoché
Bouddha rebelle. Sur la route de la liberté, 2012

Richard David Precht
Qui suis-je et, si je suis, combien ? Voyage en philosophie, 2010
Amour. Déconstruction d'un sentiment, 2011
L'Art de ne pas être un égoïste. Pour une éthique responsable, 2011
Pourquoi j'existe ? Et autres leçons de philosophie pour les enfants curieux, 2014

Mark Rowlands
Le Philosophe et le Loup. Liberté, fraternité, leçons du monde sauvage, 2010

Gretchen Rubin
Opération Bonheur. Une année pour apprendre à chanter, ranger ses placards, se battre s'il le faut, lire Aristote… et être heureux, 2011

Sharon Salzberg
Apprentissage de la méditation. Comment vivre dans la plénitude, 2013
L'amour qui guérit, 2015

Brenda Shoshanna
Vivre sans peur. Sept principes pour oser être soi, 2011

Adam Soboczynski
Survivre dans un monde sans pitié. De l'art de la dissimulation, 2011

Carlo Strenger
La peur de l'insignifiance nous rend fous. Une quête de sens et de liberté pour le XXIe siècle, 2013

Chade-Meng Tan
Connectez-vous à vous-même. Une nouvelle voie vers le succès, le bonheur (et la paix dans le monde), 2014

Thich Nhat Hanh
Prendre soin de l'enfant intérieur. Faire la paix avec soi, 2014

Peter M. Wayne
Taï-chi : la méditation en mouvement. Une approche scientifique pour un art millénaire, 2014

Vous avez aimé ce livre ?

Venez nous en parlez sur la page facebook de l'Esprit d'ouverture :

www.facebook.com/esprit.douverture

Inscrivez-vous à la newsletter : recevez des informations en avant-première sur les nouvelles parutions, découvrez les coups de cœur du directeur de collection, Fabrice Midal, et participez aux jeux-concours et autres suprises exclusives. Connectez-vous sur :

www.espritdouverture.fr, rubrique newsletter.

Yang Yan

莊生

化蝶

Composition et mise en pages
Nord Compo à Villeneuve-d'Ascq

FSC
www.fsc.org
MIXTE
Papier issu de
sources responsables
FSC® C003309

Achevé d'imprimer en France
par Loire Offset Titoulet

N° d'impression : 201502.0479
Dépôt légal : avril 2015